UNOFFICIAL BOOK

MINECRAFT
수학 코딩 대모험

① 엔더 드래곤을 무찔러라!

GOLDEN AXE 지음 이강숙(초등 교사) 감수

모험하며 배우는 재미있는 수학, 코딩!

최종 보스 엔더 드래곤의 공략 방법을 알려 주지!

서울문화사

들어가는 글

MINECRAFT

전 세계 비디오 게임 판매량 1위!
3억 장 이상 판매된 모장 스튜디오의 인기 게임입니다.

네모난 블록으로 이루어진 세계에서
자유롭게 멋진 건축물을 만들고
다양한 도구를 제작합니다.

몬스터가 우글거리는 지하 동굴을 탐험하고,
최종 보스인 엔더 드래곤을 찾아 모험을 떠나 봅시다!

<마인크래프트 수학 코딩 대모험>은
마인크래프트 세계관을 바탕으로 코딩과 수학을 익히는
책입니다. 박사님의 설명에 따라 스티브, 알렉스와 함께
수학, 코딩 문제를 풀며 수학 문해력과
컴퓨팅 사고력을 자연스럽게 기를 수 있습니다.

기본적인 게임 방법인 무기를 만드는 조합법부터 시작해서,
최종 보스인 엔더 드래곤을 무찌를 수 있는
공략 방법까지 배울 수 있습니다.

등장인물

스티브
마인크래프트의 주인공.
수학, 코딩 공부를 하면서
최종 보스를 무찌르기 위한 모험을 떠난다.

알렉스
스티브가 의지할 수 있는 파트너.
스티브와 함께 마인크래프트의
최종 보스를 무찌르기 위해 떠난다.

박사
마인크래프트에 대해 잘 아는 박사님.
게임 공략 방법을 알려 주며
최종 보스를 무찌를 수 있도록 돕는다.

추천의 글

♥서울금천초등학교 이강숙 선생님

우리 아이들이 수학을 떠올리면 즐겁고, 하고 싶고, 잘할 수 있다는 자신감이 있고, 그래서 행복한 마음이 들었으면 좋겠어요. 교과서와 문제집에서 보는 덧셈 문제 '5+7'을 공부해야 하는 문제로 만나는 게 아니라, 아이들이 좋아하는 마인크래프트라는 게임 안에서 해결해야 하는 미션으로 '5+7'을 만난다면 수학에 대한 생각이 달라질 거예요.

마인크래프트에서 아이들은 전략을 세우고 조건을 탐색, 비교해요. 이 과정 속에 녹아 있는 수학을 이 책에서 만날 수 있어요. 마인크래프트를 좋아한다면, 익숙한 게임을 통해서 문제를 보다 적극적으로 해결할 수 있을 거예요. 마인크래프트를 처음 해 보더라도 새로운 세계로 떠나는 탐험가의 마음으로 도전해 볼 수 있어요.

최종 목표인 엔더 드래곤을 만나기 위해 처음에 자원을 모으고, 도구를 만들고, 필요한 물건을 얻는 순차적인 과정 속에서 문제를 이해하고 답을 찾기 위해 노력하며 수학 문해력을 기를 수 있고, 컴퓨팅 사고력을 키울 수 있어요.

2022 개정 교육과정은 미래 변화 대응 역량 강화를 위해서 학생들이 미래 사회에서 요구하는 창의적 문제 해결 능력, 자기 주도적 학습 능력 등을 갖출 수 있도록 교육하며, 지속 가능한 미래를 위한 디지털 기초 소양 강화 및 정보 교육을 강조하고 있어요. 이 책은 초등학교 수학 교육과정에서 학습하는 수와 연산, 도형과 측정, 변화와 관계(규칙성), 자료와 가능성의 전 영역에 대해 학습할 수 있어요.

수학을 어려워하는 아이들은 계산이나 연산 실력이 부족하기보다는, 주어진 문제를 이해하고 무엇을 구해야 하는지 파악하는 문해력이 부족한 경우가 많아요. 재미있는 마인크래프트를 통해 문제를 읽고 스스로 이해하며 문제의 조건과 구하고자 하는 것을 찾아 해결해 가는 경험을 한다면 좋은 효과가 있을 거예요.

차례

들어가는 글 · 2

이 책의 구성 · 4

프롤로그 · 8

미션 01. 도구를 만들 나무를 모아라! · 10

미션 02. 나무판자로 제작대를 만들어라! · 12

미션 03. 제작대에서 나무 도구를 만들어라! · 14

미션 04. 돌을 채굴해서 조약돌을 모아라! · 16

미션 05. 돌로 도구를 만들어라! · 18

미션 06. 상자를 만들어서 아이템을 정리하라! · 20

미션 07. 철광석을 채굴해서 철 원석을 모아라! · 22

미션 08. 철 원석과 화로로 철 주괴를 만들어라! · 24

미션 09. 철 원석으로 도구와 장비를 만들어라! · 26

미션 10. 횃불을 만들어 모험을 준비하라! · 28

미션 11. 거점이 될 집을 만들어라! · 30

미션 12. 적대적 몬스터를 무찔러라! · 32

미션 13. 고기와 농작물을 준비하라! · 34

미션 14. 사육할 동물을 찾아라! · 36

미션 15. 동물의 먹이와 짝을 찾아라! · 38

미션 16. 마을을 찾아 주민과 거래하라! · 40

미션 17. 동굴에서 여러 가지 광석을 찾아라! · 42

미션 18. 다이아몬드를 채굴하라! · 44

미션 19. 몬스터를 물리치며 안전한 장소로 이동하라! · 46

미션 20. 다이아몬드로 장비를 만들어라! · 48

미션 21. 흑요석을 모아 네더 차원문을 만들어라! · 50

미션 22. 피글린 요새를 찾아 황금 블록을 얻어라! · 52

미션 23. 피글린과 피글린 야수를 무찔러라! · 54

미션 24. 피글린과 거래해서 엔더 진주를 모아라! · 56

미션 25. 네더 요새에서 몬스터를 무찔러라! · 58

미션 26. 블레이즈 막대기를 모아라! · 60

미션 27. 엔더의 눈으로 요새의 입구를 찾아라! · 62

미션 28. 숨어 있는 엔드 차원문을 찾아라! · 64

미션 29. 엔더의 눈으로 엔드 차원문을 활성화하라! · 66

미션 30. 섬 너머에 있는 엔더 드래곤을 찾아라! · 68

미션 31. 엔더 드래곤을 보호하는 엔드 수정을 파괴하라! · 70

미션 32. 최종 보스 엔더 드래곤의 공격을 피하라! · 72

미션 33. 최종 보스 엔더 드래곤을 무찔러라! · 74

미션 34. 보물 겉날개를 찾아 하늘을 날아라! · 76

풀이와 답 · 78

프롤로그

미션 01

수학 | 수의 크기 비교 | 두 자리 수의 덧셈   코딩 | 문제 이해 | 정보의 구조화

도구를 만들 나무를 모아라!

마인크래프트를 처음 시작했다면 아무것도 가지고 있지 않을 거야. 마인크래프트는 나무나 돌 같은 자원을 모으는 것이 중요해. 나무를 모으면 도구를 만들 수 있단다. 먼저 나무를 모아 보자!

미션 완료!

월   일

1 나무 블록의 수를 세어 보자

게임을 처음 시작한 곳 근처에서 참나무와 자작나무를 발견했어요. 참나무와 자작나무는 3그루씩 있어요. 나무 블록 ■, ▨을 가장 많이 얻을 수 있는 것은 어떤 나무일까요?

답. 참나무 블록 ■은 [   ] 나무에서 가장 많이 얻을 수 있어요.

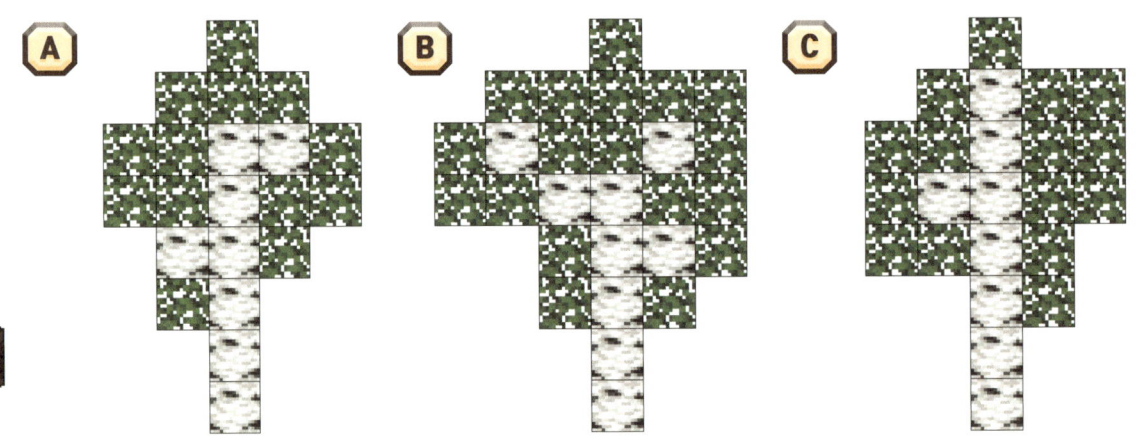

답. 자작나무 블록 ▨은 [   ] 나무에서 가장 많이 얻을 수 있어요.

2 나무 블록을 종류별로 세어 보자

나무를 열심히 캐서 참나무, 자작나무, 아카시아나무 세 종류의 나무 블록을 모았어요.
나무 블록을 종류별로 모으면 각각 몇 개일까요?

힌트!
아이템의 오른쪽 아래에 있는 숫자는 아이템의 개수야!

답. 참나무 블록  은 ☐ 개예요.

답. 자작나무 블록 은 ☐ 개예요.

답. 아카시아나무 블록 은 ☐ 개예요.

답. 나무 블록은 모두 ☐ 개예요.

마인크래프트 공략 방법: 나무 도끼로 나무 블록을 빠르게 모을 수 있다!

나무로 도끼를 만들어 나무를 부수면 손으로 나무를 부수는 것보다 나무 블록을 빠르게 모을 수 있다. 처음에 모은 나무로 먼저 나무 도끼를 만들어 나무 블록을 얻는 속도를 올리도록 한다.

나무 도끼를 먼저 만들자! 밤이 되기 전에 나무 블록을 빠르게 모아야겠어!

미션 02 — 나무판자로 제작대를 만들어라!

수학 | 곱셈구구 | 자연수의 나눗셈 코딩 | 문제 이해 | 정보의 구조화

처음에는 세로 2칸, 가로 2칸의 창에서 아이템을 제작해야 해. 제작대를 만들면 세로 3칸, 가로 3칸의 창에서 아이템을 제작할 수 있어. 만들 수 있는 도구가 늘어날 거야!

미션 완료!

월   일

1 나무판자를 만들자

제작대의 재료인 나무판자를 만들어야 해요. 모아 둔 나무 블록을 제작창에 옮겨 나무판자를 만들 수 있어요. 나무 블록으로 나무판자를 몇 개 만들 수 있는지 계산해 보세요.

참나무 블록   자작나무 블록   아카시아나무 블록

① 아래 그림은 모아 둔 나무 블록이에요. 나무 블록 1개를 제작창에 옮기면 4개의 나무판자를 만들 수 있어요. 아래 나무 블록을 모두 나무판자로 만들면 몇 개의 나무판자를 만들 수 있을까요?

답. 나무판자를 ☐ 개 만들 수 있어요.

② 1번 문제에서 아카시아나무 블록은 화로의 연료로 쓰기 위해 보관해 두려고 합니다. 아카시아 나무 블록을 제외하면 만들 수 있는 나무판자는 몇 개일까요?

답. 나무판자를 ☐ 개 만들 수 있어요.

나무판자는 다양하게 쓰이니까 많이 준비해 두자! 나무 블록은 연료로도 사용할 수 있어!

2 나무판자로 제작대를 만들자

나무판자를 모았다면 제작대를 만들어 보세요. 제작대에서 많은 도구를 만들 수 있어요. 모아 둔 나무판자로 제작대를 최대한 많이 만들려고 합니다. 제작대를 몇 개나 만들 수 있는지 계산해 보세요.

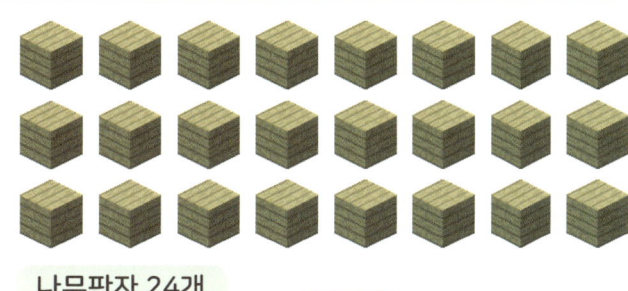

나무판자 24개

답. 제작대를 ☐ 개 만들 수 있어요.

3 제작대를 이동하자

제작대를 부수면 다시 아이템이 되며, 주워서 원하는 장소로 이동할 수 있어요. 아래 그림을 보고 제작대를 이동해 보세요.

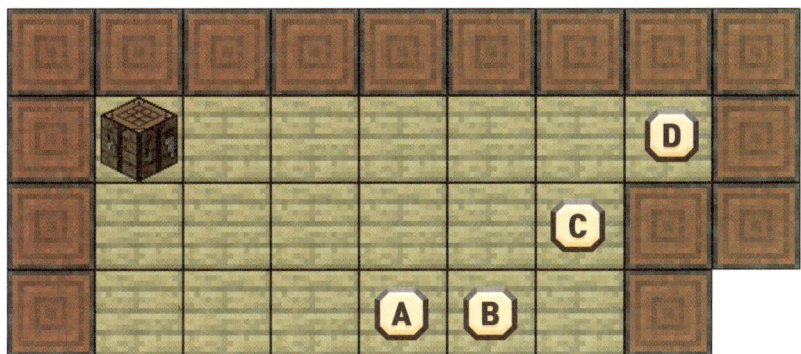

제작대를 원래의 자리에서 5칸 떨어진 위치로 이동하려고 합니다. A~D 중 어느 자리가 될까요?

칸을 셀 때 주의할 점
대각선에 있는 칸으로 이동할 경우에는 2칸으로 세야 해요.

답. ☐

미션 03

수학 자연수의 나눗셈 | 코딩 문제 이해 | 정보의 구조화

제작대에서 나무 도구를 만들어라!

다양한 도구를 만들면 더 즐거운 모험이 될 거야! 특히 도끼와 곡괭이는 많이 준비해 두는 게 좋단다. 오늘 만들 도구에는 막대기가 필요해. 막대기는 나무판자 2개를 제작창에 옮겨 만들 수 있어!

미션 완료!
월   일

1 나무 도끼와 곡괭이를 만들자

모은 나무로 다양한 도구를 만들 수 있어요. 먼저 모은 재료로 도끼나 곡괭이를 최대한 많이 만들려고 합니다. 몇 개를 만들 수 있는지 계산해 보세요. 나무 도끼와 나무 곡괭이를 만들려면 나무판자 3개와 나무 막대기 2개가 필요해요.

나무 도끼 조합법
나무판자: 3개
막대기: 2개

나무 곡괭이 조합법
나무판자: 3개
막대기: 2개

나무판자 24개   막대기 16개

답. 나무 도끼 또는 나무 곡괭이를  개 만들 수 있어요.

2 나무 괭이와 삽을 만들자

나무판자가 있으면 막대기를 만들 수 있어요. 나무판자 2개로 막대기 4개를 제작할 수 있어요. 모은 나무판자와 막대기로 나무 괭이와 나무 삽을 몇 개나 만들 수 있는지 계산해 보세요.

① 아래 그림처럼 나무판자와 막대기를 모았어요. 이 재료로 나무 괭이를 최대한 많이 만들려고 합니다. 몇 개를 만들 수 있을까요?

나무판자 6개   막대기 6개

답. 나무 괭이를 ☐ 개 만들 수 있어요.

② 1번 문제와 같은 수의 나무판자와 막대기가 있다면, 나무 삽은 몇 개를 만들 수 있고, 재료는 몇 개가 남을까요? 막대기가 부족하면 나무판자로 막대기를 제작해서 사용할 수 있어요.

답. 나무 삽을 ☐ 개 만들고, 막대기는 ☐ 개 남아요.

마인크래프트 공략 방법: 자원에 따라 알맞은 도구가 있다!

나무 도끼로 나무를 빠르게 모을 수 있는 것처럼 자원에 알맞은 도구를 골라야 한다. 흙이나 모래, 자갈 블록에는 삽을 사용하고, 조약돌, 철광석 블록을 얻기 위해서는 곡괭이를 사용한다. 적합하지 않은 도구를 사용하면 얻을 수 없는 블록도 있으니 주의한다.

| 미션 04 | 수학 | 직선 | 자연수의 곱셈 | 코딩 | 문제 이해 | 알고리즘 이해 |

돌을 채굴해서 조약돌을 모아라!

돌을 채굴하면 조약돌 블록을 얻을 수 있어. 조약돌은 도구를 만드는 재료로 사용할 수 있고, 건축 블록으로 활용하면 계단이나 반블록을 만들 수 있어! 조약돌은 대부분의 장소에서 구할 수 있으니 열심히 모으자!

미션 완료!

월   일

1 나무 곡괭이로 조약돌을 모으자

나무 곡괭이를 사용해서 돌을 찾아 조약돌을 채굴할 수 있어요. 화살표가 표시된 지점부터 돌을 화살표 방향대로 채굴해서 들어가 보세요. 어떤 블록이 남을까요? 남는 블록에 ○표를 해 보세요.

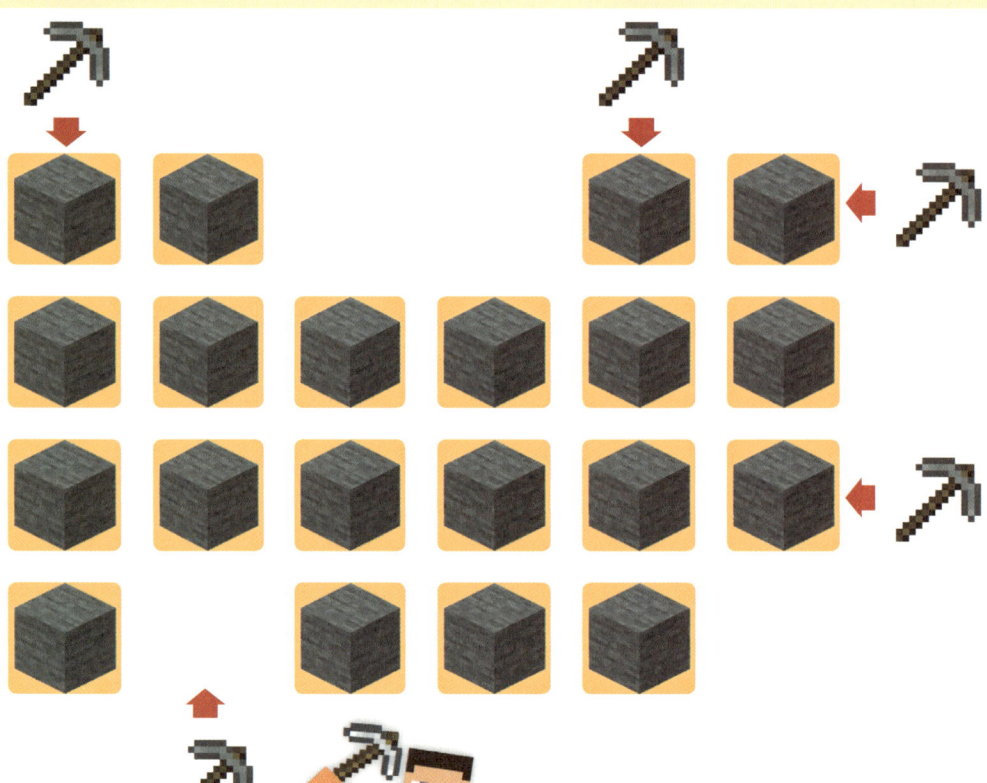

돌을 채굴하면 조약돌 블록을 얻을 수 있어! 조약돌은 화로에서 구워서 돌 블록으로 만들어 보자!

2 조약돌 계단과 반블록을 만들자

조약돌 블록을 많이 모았으면 조약돌 계단과 조약돌 반블록을 만들어 보세요. 아래 조합법으로 제작하면 한 번에 조약돌 계단은 4개, 조약돌 반블록은 6개를 만들 수 있어요.

① 아래 그림처럼 조약돌을 모았어요. 모은 조약돌로 조약돌 계단을 최대한 많이 만들려고 합니다. 몇 개를 만들 수 있을까요? 또, 조약돌은 몇 개 남을까요?

조약돌 11개

답. 조약돌 계단을 ☐ 개 만들고, 조약돌은 ☐ 개 남아요.

② 1번 문제와 같은 수의 조약돌로 조약돌 반블록을 최대한 많이 만들려고 합니다. 몇 개를 만들 수 있을까요? 또, 조약돌은 몇 개 남을까요?

답. 조약돌 반블록을 ☐ 개 만들고, 조약돌은 ☐ 개 남아요.

미션 05 — 돌로 도구를 만들어라!

수학 | 자연수의 나눗셈 | 규칙과 대응   코딩 | 문제 이해 | 알고리즘 이해

지금까지 나무 도구로 재료를 모았어. 조약돌 블록으로 돌 도끼나 돌 곡괭이 같은 돌 도구를 만들면 재료를 모으는 속도가 더 빨라질 거야!

미션 완료!
　　　월　　　일

1 돌로 도구를 만들자

조약돌을 모았으면 돌 도구를 만들어요. 14쪽의 나무 도구 조합법에서 나무판자 대신 조약돌을 넣으면 돌 도구를 만들 수 있어요. 돌 곡괭이와 화로를 만들어 보세요.

돌 곡괭이 조합법
조약돌: 3개
막대기: 2개

화로 조합법
조약돌: 8개

1 아래 그림처럼 조약돌과 막대기를 모았어요. 돌 곡괭이를 최대한 많이 만들려고 합니다. 몇 개를 만들 수 있을까요?

조약돌 16개　　막대기 6개

답. 돌 곡괭이는 ☐ 개 만들 수 있어요.

2 1번 문제와 같은 수의 조약돌과 막대기로 화로를 최대한 많이 만들려고 합니다. 몇 개를 만들 수 있을까요?

답. 화로는 ☐ 개 만들 수 있어요.

2 도구를 사용해서 탈출하자

자원에 따라 도구를 구분해서 사용하는 것이 중요해요. 출발 지점에서 시작해서 도끼, 곡괭이, 삽으로 '나무 블록→돌 블록→흙 블록'의 순서로 깨뜨리면서 도착 지점을 향해 가요!

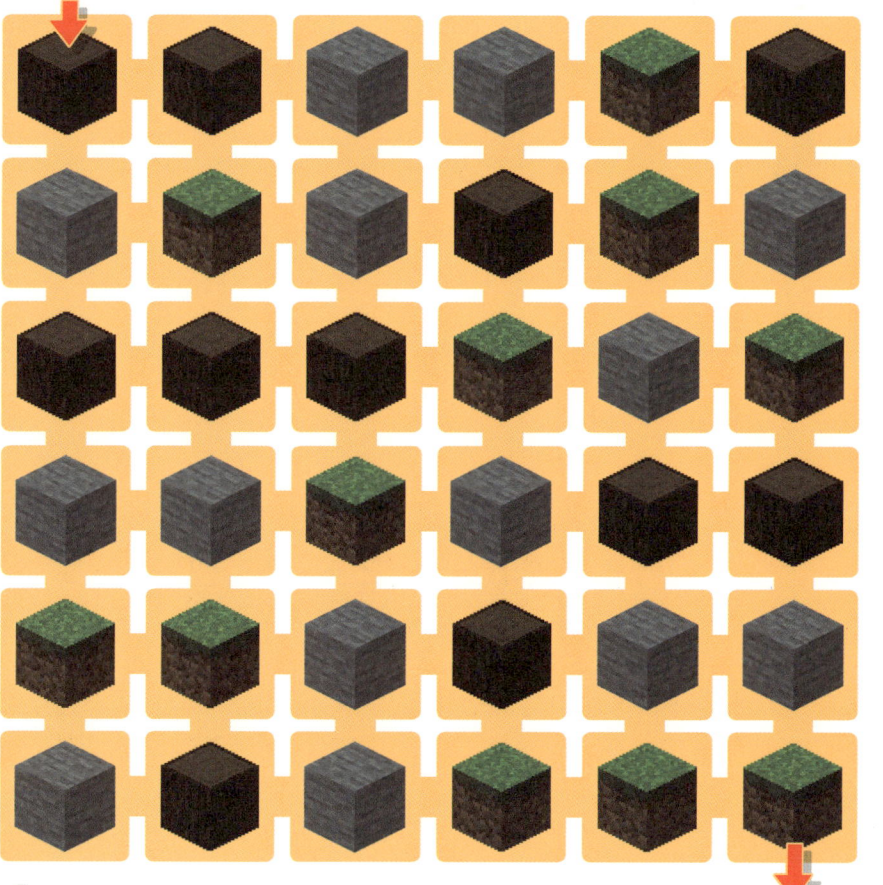

나무 블록

돌 블록

흙 블록

3개의 도구를 구별해서 사용하면서 도착 지점을 향해 가자!

마인크래프트 공략 방법: 조약돌 대신 사용할 수 있는 블록이 있다!

조약돌은 여러 아이템의 재료로 사용되는 블록이다. 지옥 세계인 네더에서 모험할 때 조약돌이 없다면, 조약돌 대신 흑암을 사용할 수 있다. 또, 평범한 세계 지하 깊은 곳에서 찾을 수 있는 심층암 조약돌도 조약돌 대신 사용할 수 있다.

미션 06

수학 두 자리 수의 덧셈 | 분류, 규칙 찾기 **코딩** 문제 이해 | 핵심요소 추출

상자를 만들어서 아이템을 정리하라!

상자를 만들면 모은 아이템이나 재료를 더 많이 보관할 수 있어. 나무판자 8개를 18쪽의 화로 조합법처럼 배열해서 상자를 만들어 보자!

미션 완료!

월   일

1 아이템을 종류별로 정리하자

같은 종류의 아이템이나 재료는 상자 1칸에 64개까지 쌓아서 보관할 수 있어요. 하지만 도구는 쌓을 수 없어요. 이 점을 기억하며 상자를 정리해 보세요. 아이템과 재료를 최대한 많이 쌓으면 빈칸이 몇 칸 늘어날까요?

쌓을 수 있는 아이템

64개까지
- 막대기
- 흙
- 나무판자
- 조약돌

쌓을 수 없는 것
- 침대
- 제작대
- 곡괭이
- 괭이

16개까지
- 달걀

상자 속 흩어진 아이템을 겹쳐서 정리해 보자!

답. 빈칸이 ☐ 칸 늘어나요.

2 아이템의 배열 규칙을 알아내자

모은 아이템을 배열해 보았어요. 아이템을 배열한 상자에는 각각의 규칙이 있어요. 비어 있는 흰색 칸에는 어떤 아이템이 들어갈까요?

모은 아이템
- 흙
- 나무판자
- 조약돌
- 곡괭이
- 도끼
- 삽
- 양귀비
- 민들레

1

2

답.

답.

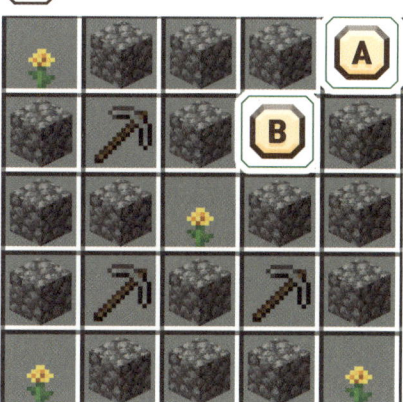

3

답. A는

답. B는

마인크래프트 공략 방법 — 상자를 겹쳐둘 수 있다!

상자는 가로로 2개를 놓으면 2배 크기의 상자를 만들 수 있다. 세로로 겹쳐서 배열할 수도 있다. 웅크리기를 한 상태에서 상자 위에 다시 상자를 겹쳐 놓을 수도 있다. 큰 상자에 들어가지 않을 정도로 아이템이 많아지면 이 방법을 사용하자.

미션 07

수학 | 길이 | 자연수의 나눗셈 코딩 | 문제 이해 | 정보의 구조화

철광석을 채굴해서 철 원석을 모아라!

나무, 돌 도구를 갖추었으니 이번에는 철 도구를 만들어 보자. 철 도구가 있으면 할 수 있는 일이 훨씬 많아질 거야! 철을 만들려면 철광석에서 나오는 철 원석이 필요해. 철 원석을 모으러 가자!

미션 완료!

월   일

1 철광석을 최대한 많이 캐자

스티브가 만든 철 곡괭이로 10블록을 캘 수 있어요. 출발 지점에서 철광석을 최대 6개를 캘 수 있어요. 철광석 6개를 캘 수 있는 길을 찾아 선을 그어 보세요.

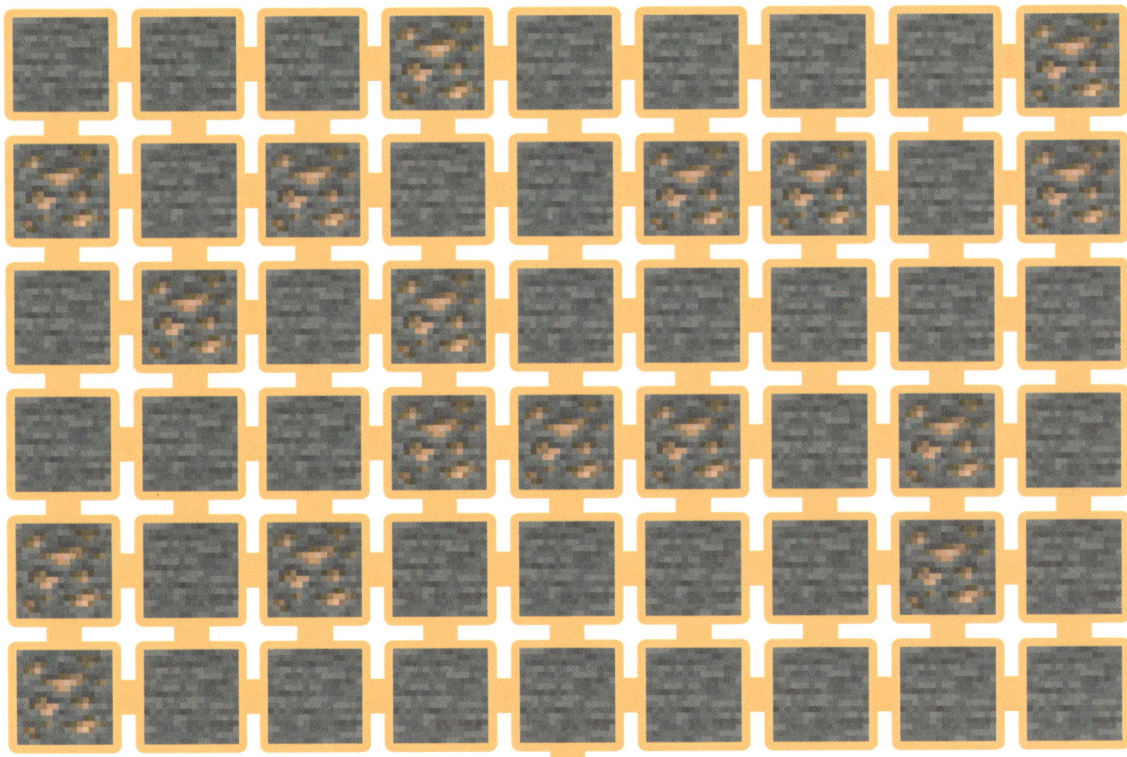

철광석

출발!

철광석 6개를 캘 수 있는 길을 찾아보자!

2 철 원석의 숫자를 계산하자

철광석을 깨뜨리면 철의 재료인 철 원석을 얻을 수 있어요. 철 원석을 화로에 구워 철 주괴로 만든 후, 철 주괴 9개를 모아 철 블록을 만들 수 있어요. 즉, 철 원석 9개로 철 블록 1개를 만들 수 있고, 철 블록은 언제든지 철 원석 9개로 되돌릴 수 있어요. 다음 문제를 풀어 보세요.

1 아래 그림처럼 철 원석을 모았어요. 철 원석으로 최대한 많은 철 블록을 만들려고 합니다. 철 블록을 모두 몇 개 만들 수 있을까요?

답. 철 블록을 ☐ 개 만들 수 있어요.

2 원석을 모았더니, 철 원석과 철 블록이 아래 그림과 같은 수가 되었습니다. 철 블록을 철 원석으로 되돌리면 철 원석은 모두 몇 개가 될까요?

답. 철 원석은 ☐ 개예요.

마인크래프트 공략 방법
철광석에는 돌이나 철 도구를 사용한다!

철광석에서 철 원석을 얻기 위해서는 돌 곡괭이가 필요하다. 나무 곡괭이나 금 곡괭이는 철광석을 부수기에는 약해서 철광석에서 철 원석을 얻을 수 없을 것이다. 하지만 돌 곡괭이도 부서지기 쉬우므로 철 원석을 얻으면 먼저 철 곡괭이를 만들어야 한다. 철 곡괭이가 있으면 다른 광석도 모으기 쉬워진다.

미션 08

수학 시간의 계산　**코딩** 문제 이해 | 알고리즘 이해

철 원석과 화로로 철 주괴를 만들어라!

모은 철 원석을 화로에 넣어 철 주괴로 만들면 다양한 아이템의 재료로 사용할 수 있어요. 화로는 연료가 필요하므로 철 원석과 함께 연료도 준비해야 해요.

미션 완료!

월　　　일

1 연료가 타는 시간을 계산하자

화로에서 필요한 연료를 3가지 준비했어요. 연료는 종류에 따라 타는 시간이 달라요.

참나무판자	석탄	말린 다시마 블록
15초	80초	200초

다음 연료는 몇 초 동안 탈까요? (단, 연료를 하나씩 태워요.)

1) 참나무판자 3개　　　답. ☐ 초

2) 말린 다시마 블록 2개　　　답. ☐ 초

3) 나무판자 2개, 석탄 1개　　　답. ☐ 초

4) 나무판자 3개, 석탄 2개, 말린 다시마 블록 1개　　　답. ☐ 초

2 철 주괴를 만드는 시간을 계산하자

화로에서 철 원석을 철 주괴로 만드는 데 1개당 10초가 걸려요. 1번 문제에서 연료가 타는 시간을 참고해서 다음 문제를 풀어 보세요.

철 원석 ➡ 철 주괴

1 철 원석 9개를 철 주괴로 만드는 데 걸리는 시간과 타는 시간이 같은 연료의 조합은 어느 것일까요?

A 참나무판자 6개

B 참나무판자 7개

C 석탄 1개, 참나무판자 1개

답. ☐

2 철 원석 11개를 철 주괴로 만들기 위해 걸리는 시간과 타는 시간이 같은 연료의 조합은 어느 것일까요?

A 참나무판자 7개

B 참나무판자 8개

C 석탄 1개, 참나무판자 2개

답. ☐

힌트!
철 원석 9개를 철 주괴로 만드는 데 걸리는 시간은 90초, 철 원석 11개를 철 주괴로 만드는 데 걸리는 시간은 110초야!

마인크래프트 공략 방법
철 아이템은 철 주괴로 되돌릴 수 있다!

철로 만든 아이템 중 필요 없는 아이템은 화로를 사용해서 철 주괴로 되돌릴 수 있다. 철로 된 장비나 도구를 화로에 넣으면 철 조각이 만들어지고, 9개의 철 조각을 제작대에서 철 주괴로 만들 수 있다.

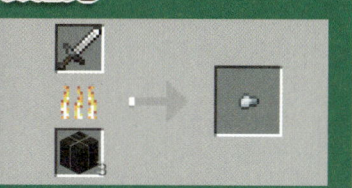

미션 09

수학: 수의 크기 비교 | 자연수의 덧셈   코딩: 문제 이해 | 정보의 구조화

철 원석으로 도구와 장비를 만들어라!

철 원석을 충분히 모았다면 적대적 몬스터와 싸우기 위한 장비를 만들자! 검이 없을 때는 철 도구를 효과적인 무기로 사용할 수 있다는 점도 기억해!

미션 완료!
월   일

1 도구의 공격력을 비교하자

도구의 공격력을 하트 ♥로 표시했어요. ♥는 ♥의 반만큼의 공격력을 의미해요. 다음 문제를 풀어 보세요.

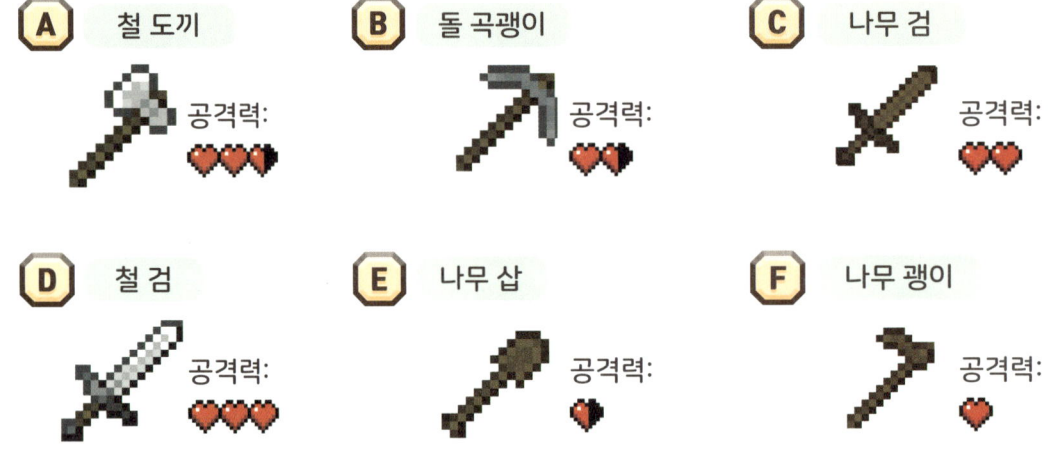

A 철 도끼 — 공격력: ♥♥♥
B 돌 곡괭이 — 공격력: ♥♥
C 나무 검 — 공격력: ♥♥
D 철 검 — 공격력: ♥♥♥
E 나무 삽 — 공격력: ♥
F 나무 괭이 — 공격력: ♥

(1) 무기와 도구의 공격력을 비교하여 공격력이 가장 높은 것부터 순서대로 A~F를 써 보세요.

답. ☐ ☐ ☐ ☐ ☐ ☐

(2) 공격력이 ♥♥보다 큰 무기와 도구는 몇 개 있을까요? (♥♥와 같은 것은 계산에서 제외해요.)

답. ☐ 개

2 장비의 방어력을 계산하자

철 원석으로 철 주괴를 만들었으면, 철 갑옷을 만들 수 있어요. '현재 장비'를 참고해서 다음 문제를 풀어 보세요.

현재 장비

장비	방어력
철 헬멧	2
철 흉갑	6
철 레깅스	5
철 부츠	2

철 장비를 갖추면 전투가 쉬워질 거야!

1 현재 장비의 방어력을 모두 더하면 얼마나 될까요?

답. ☐

2 현재 가진 장비로 몬스터와 싸우다가 철 흉갑과 철 부츠가 부서졌습니다. 그 대신 방어력 1인 황금 부츠를 갖추었습니다. 이때 장비 방어력을 모두 더하면 얼마나 될까요?

답. ☐

마인크래프트 공략 방법 — 망가진 도구와 장비는 수리할 수 있다!

장비는 몬스터에게 공격을 받으면 내구도가 줄어든다. 도구도 사용하다 보면 망가질 것이다. 이때 모루를 사용하면 망가진 도구와 장비를 수리할 수 있다. 도구나 장비마다 수리에 필요한 재료가 다르다.

미션 10. 횃불을 만들어 모험을 준비하라!

수학 자연수의 나눗셈 | 규칙과 대응   코딩 알고리즘 이해 | 알고리즘 표현

어두운 곳에서 횃불을 사용하면 주위를 밝힐 수 있어. 횃불은 손에 들고 있거나 블록에 설치할 수 있지. 지하 세계를 모험할 때를 대비해서 횃불을 많이 준비해 두자!

미션 완료!

월   일

1 조합법에 따라 횃불을 만들자

화로에서 숯을 만들고 횃불을 만들어 보아요. 횃불은 아래 조합법을 따라 제작하면 4개를 만들 수 있어요. 다음 문제를 풀어 보세요.

횃불 조합법
석탄이나 숯: 1개
막대기: 1개

석탄 10개   숯 8개   막대기 12개

① 위 그림처럼 모은 석탄을 모두 사용해서 횃불을 만들면 횃불을 몇 개 만들 수 있을까요? 또, 막대기는 몇 개 남을까요?

답. 횃불은 ☐ 개 만들 수 있고, 막대기는 ☐ 개 남아요.

② 1번 문제에서 남은 막대기와 숯으로 횃불을 만들면 횃불을 몇 개 만들 수 있을까요? 또, 숯은 몇 개 남을까요?

답. 횃불은 ☐ 개 만들 수 있고, 숯은 ☐ 개 남아요.

2 횃불을 이용해서 이동하자

횃불로 주위를 밝히면 근처에는 적대적 몬스터가 나타나지 않아요. 3칸마다 횃불에 불을 붙여서 출발 지점에서 도착 지점까지 안전하게 이동해요. 지나온 길을 되돌아갈 수는 없어요.

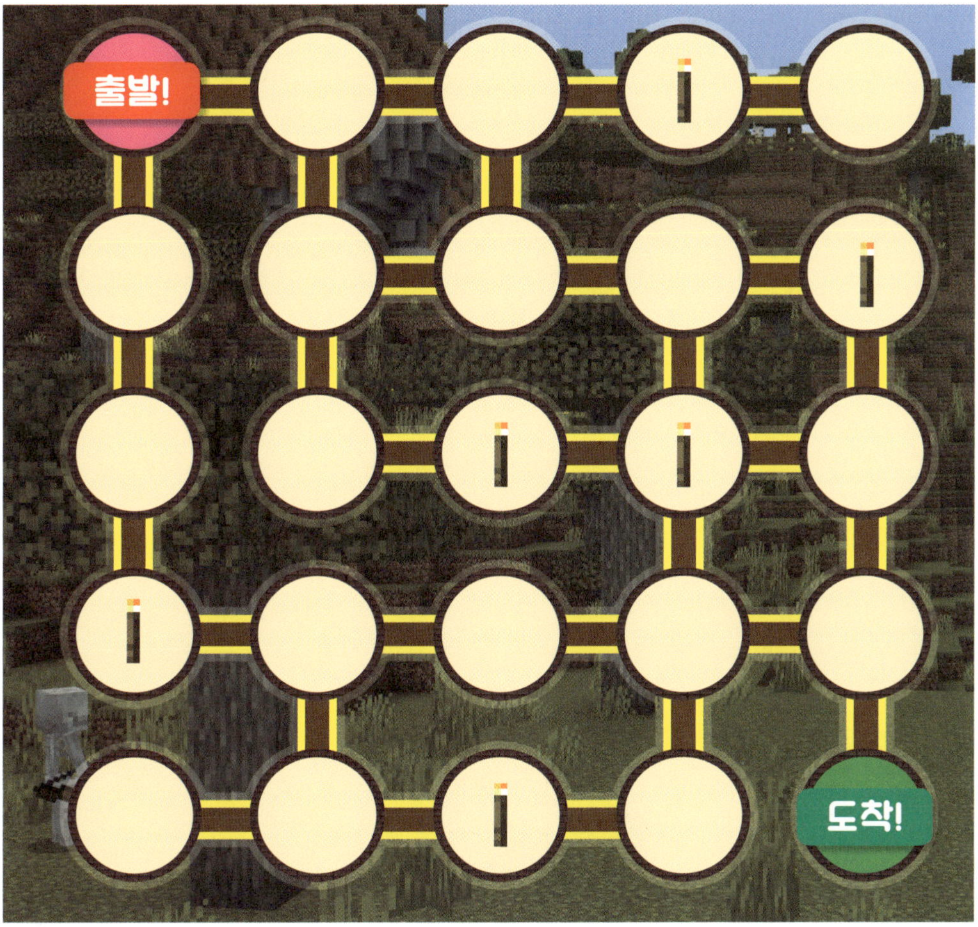

횃불에 비친 길을 따라가면 몬스터에게 공격당하는 일이 적어질 거야.

마인크래프트 공략 방법: 몬스터가 나오지 않게 할 수 있다!

적대적 몬스터는 밝은 곳으로 나오지 않는다. 따라서 횃불을 놓아둔 장소 가까이에는 몬스터가 나타나지 않는다. 횃불을 사용한 영혼횃불이라는 광원 아이템을 이용하면 더 안전하게 모험할 수 있을 것이다.

미션 11

수학 도형 | 평면도형의 이동 **코딩** 문제 이해 | 핵심 요소 추출

거점이 될 집을 만들어라!

밤에 나오는 몬스터에게서 살아남기 위해 집을 만들어서 거점으로 이용해야 해. 집을 만들면 안전하게 침대에서 잠을 잘 수 있고, 재료를 보관하고 정리하는 일도 안심하고 할 수 있지!

미션 완료!

월   일

1 그림을 비교해 다른 모양을 찾자

집을 만들기 전에 어떤 집이 좋을지 생각해 보세요. 아래 조각난 그림에는 '만들고 싶은 집' 그림과 다른 부분이 섞여 있어요. 다른 부분을 찾아 보세요.

만들고 싶은 집

답. 다른 부분은 ☐

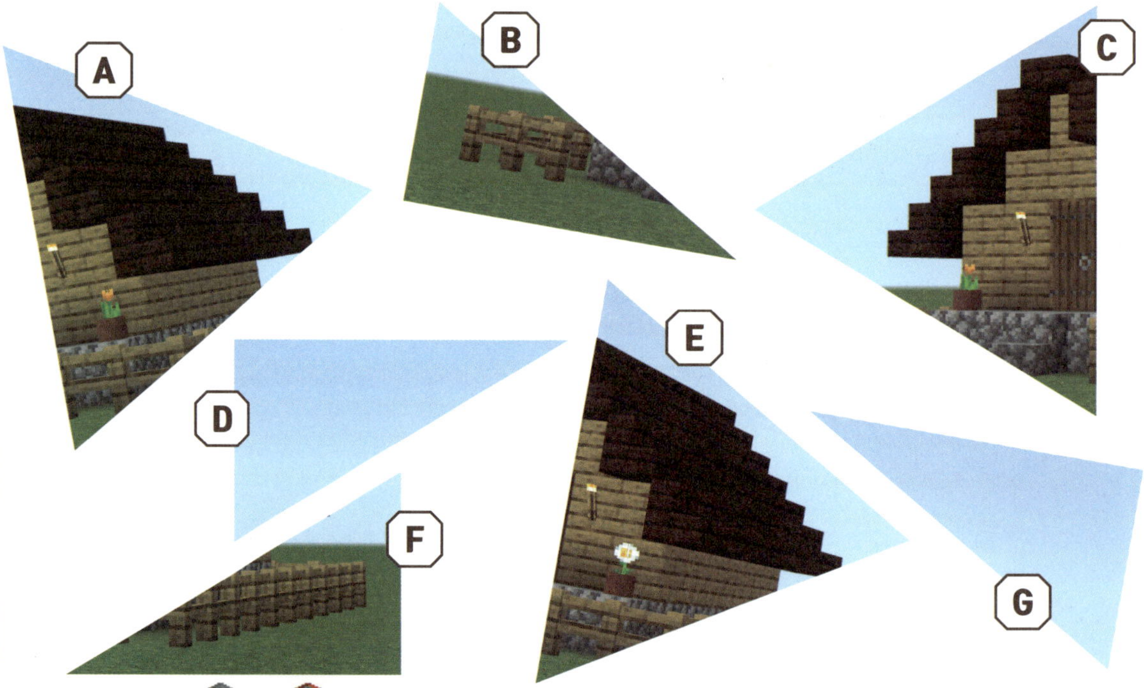

A B C D E F G

30

2 조건에 따라 침대를 배치하자

집이 완성되었으면 집 안에 가구를 배치해야 해요. 가구를 모두 배치한 후 비어 있는 장소에 침대를 놓아요. 아래의 조건에 따라 침대를 배치해야 해요. 조건에 알맞게 침대를 배치할 수 있는 장소는 어디일까요? (단, 침대는 2블록을 차지해요.)

> **조건**
> ★ 가구가 이미 놓여 있는 장소에는 침대를 놓을 수 없어요.
> ★ 출입구를 통해 방으로 들어가는 길을 막는 장소에는 침대를 놓을 수 없어요.
> ★ 책꽂이(📚)와 상자(📦)의 주변에는 반드시 1블록의 빈 공간이 필요해요.

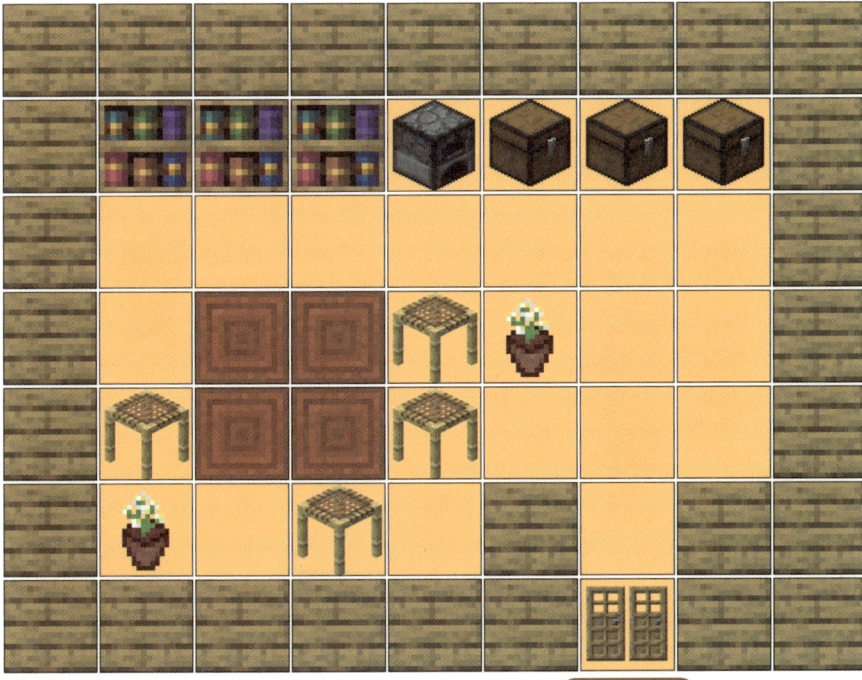

침대

침대는 옆으로 돌릴 수 있어!

마인크래프트 공략 방법: 리스폰 장소를 변경할 수 있다!

서바이벌 모드에서 플레이어가 죽으면 게임의 시작 지점에서 리스폰(부활)하게 된다. 하지만 죽었을 때 다시 태어나는 장소를 바꾸는 방법이 있다. 원하는 장소에 침대를 두고 침대에서 잠을 자면 리스폰 장소가 침대를 둔 곳으로 변경된다. 리스폰 장소를 변경하는 것은 언제든지 가능하지만, 침대를 부수면 리스폰 장소가 게임의 시작 지점으로 되돌아간다는 점에 주의해야 한다.

미션 12

수학 수 세기 | 자연수의 덧셈과 뺄셈 | 직선 코딩 자료의 수집 | 정보의 구조화

적대적 몬스터를 무찔러라!

마인크래프트 서바이벌 모드에는 아무것도 하지 않아도 공격해 오는 적대적 몬스터가 있어. 잠이 들거나 어두운 장소를 모험할 때는 특히 주의하도록 해!

미션 완료!

월   일

1 몬스터의 수를 세어 계산하자

숲, 사막 같은 지형마다 나타나는 몬스터가 있어요. 다음 그림을 보고 문제를 풀어 보세요.

① 크리퍼 는 몇 마리 있을까요?

답. ☐ 마리

② 좀비 와 허스크 의 수를 더하면 몇 마리가 될까요?

답. ☐ 마리

③ 거미 와 스켈레톤 의 수를 더하면 몇 마리가 될까요?

답. ☐ 마리

2 스켈레톤의 화살을 피하자

멀리서 화살로 공격해 오는 스켈레톤은 밤이 되면 자주 나타나는 몬스터예요.
화살은 똑바로 날아가고, 스켈레톤의 화살이 닿지 않는 곳이 A, B에 1칸씩 있어요.
화살이 닿지 않는 빈칸에 ○표를 적어 보세요.

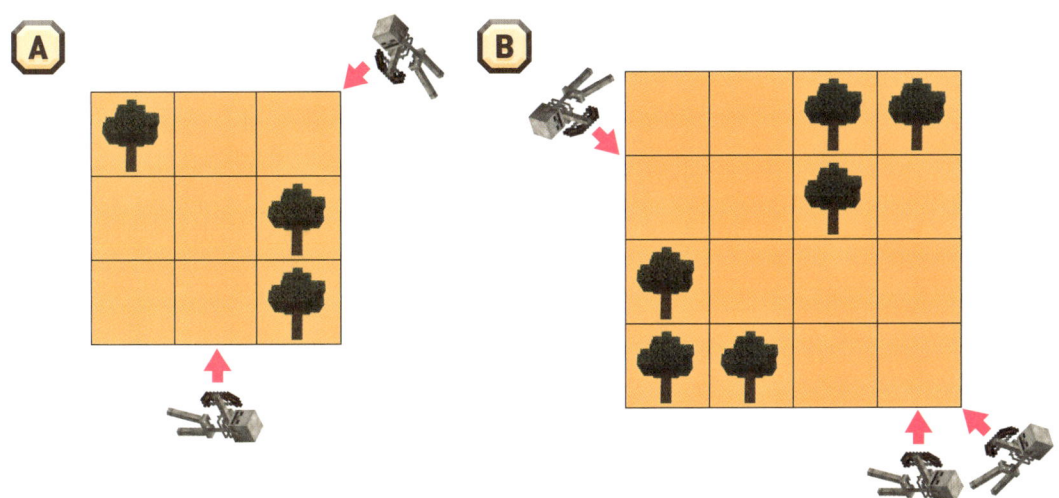

3 엔더맨과 싸우자

엔더맨은 눈이 마주치거나 먼저 공격할 때 공격해 오는 몬스터예요. 순간 이동으로
여기저기 돌아다니는 귀찮은 상대예요. 다음 계산의 답을 맞히면 엔더맨이 쓰러집니다.
엔더맨을 쓰러뜨려 보세요.

마인크래프트 공략 방법 — 몬스터는 2블록 높은 곳에서 피할 수 있다!

가까운 거리에서 공격해 오는 좀비 등 적대적 몬스터는 높이가 2블록이 되면 플레이어를
공격하지 못한다. 따라서 높이가 2블록인 곳에 몬스터를 떨어뜨리면 몬스터를 피할 수
있다. 하지만 거미는 벽을 타고 올라올 수 있고, 스켈레톤은 활을 쏠 수 있기 때문에
주의해야 한다.

미션 13

수학 규칙과 대응 | 자연수의 나눗셈 **코딩** 알고리즘 이해 | 알고리즘 표현

고기와 농작물을 준비하라!

마인크래프트에서는 식량을 잘 모아 두는 것이 중요해. 동물을 키우거나 밭에서 농작물을 길러서 식량을 얻을 수 있어!

미션 완료!

월   일

1 동물을 잡아 고기를 얻자

동물을 잡아서 얻을 수 있는 고기는 포만감을 높여 주는 중요한 식량이에요. 고기를 얻을 수 있는 동물만 잡으면서 도착 지점을 향해 가는 방향을 선으로 연결해 보세요.

고기를 얻을 수 있는 동물
- 소
- 돼지
- 닭
- 양

고기를 얻을 수 없는 동물
- 말
- 고양이
- 여우

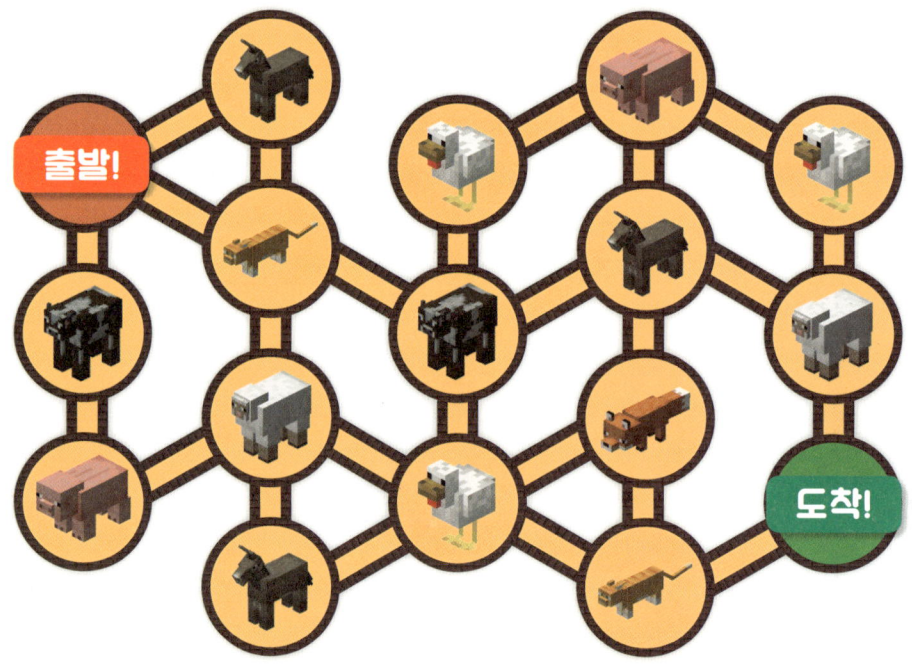

고기를 화로에 구워서 먹으면 회복력이 높아져!
닭고기는 날것으로 먹으면 식중독에 걸리니 주의해야 해!

2 밭에서 농작물을 기르자

괭이를 사용하여 땅을 일구면 농작물을 기를 수 있는 밭을 만들 수 있어요. 이렇게 일군 밭에서 식량으로 만들어 먹을 수 있는 밀 등 여러 농작물을 키워 보세요.

① 물 양동이로 모든 밭 ▓ 에 물을 내보내려고 합니다. 물은 7칸까지만 흘러요. A~D 중 어느 곳으로 물을 내보내면 모든 밭에 물이 흐를 수 있을까요? A~D 중 하나를 골라 물을 여러 번 내보낼 수 있어요.

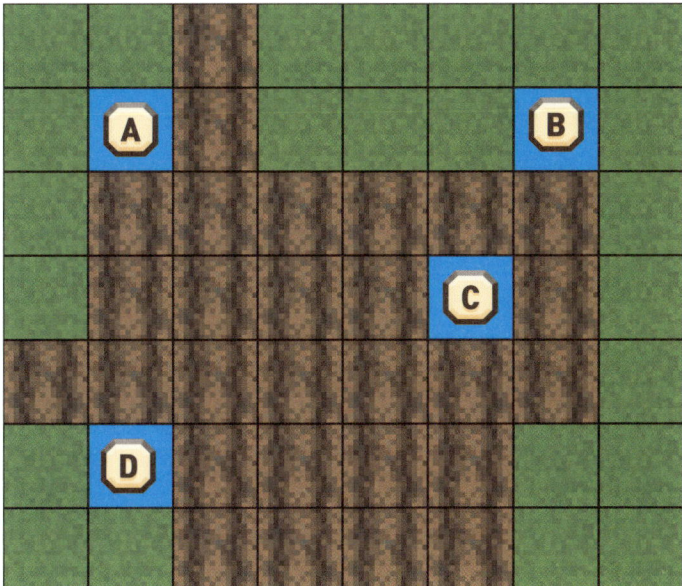

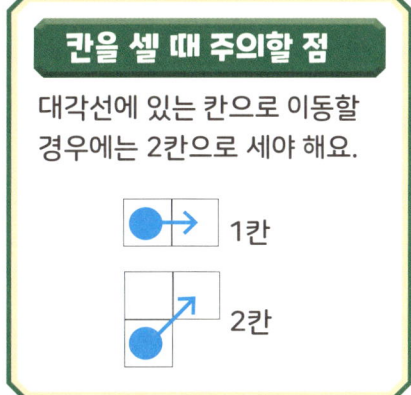

답. ☐

② 씨를 뿌리고 밀을 키워서 밀을 12개 수확했어요. 밀 3개로 빵 1개를 만들 수 있어요. 빵을 몇 개 만들 수 있을까요?

밀 12개

답. ☐ 개

마인크래프트 공략 방법

건초 더미 블록에서 밀을 얻을 수 있다!

마을에 있는 건초 더미 블록을 부수면 밀 9개를 얻을 수 있다. 마을에 있는 건초 더미 블록을 찾아 식량으로 유용하게 사용할 수 있다.

미션 14

수학 수의 크기 비교 | 자연수의 덧셈 | 규칙과 대응 **코딩** 알고리즘 이해 | 알고리즘 표현

사육할 동물을 찾아라!

마인크래프트 세계를 돌아다니다 보면 많은 동물을 만날 수 있을 거야. 집에 데려가서 키울 수 있는 동물도 있어!

미션 완료!

월   일

1 동물의 수를 비교하자

아래의 동물의 수를 비교해 보세요. 빈칸에 '많다', '적다', '같다' 중 알맞은 말을 적어 문장을 완성해요.

1. 고양이의 수는 말의 수보다 ☐ .

2. 말의 수와 여우의 수를 비교하면 ☐ .

3. 닭의 수는 다른 동물의 수보다 ☐ .

2 동물의 수를 세어 보자

스티브와 알렉스 주위에 동물들이 있어요. 동물의 수를 세어 다음 문제를 풀어 보세요.

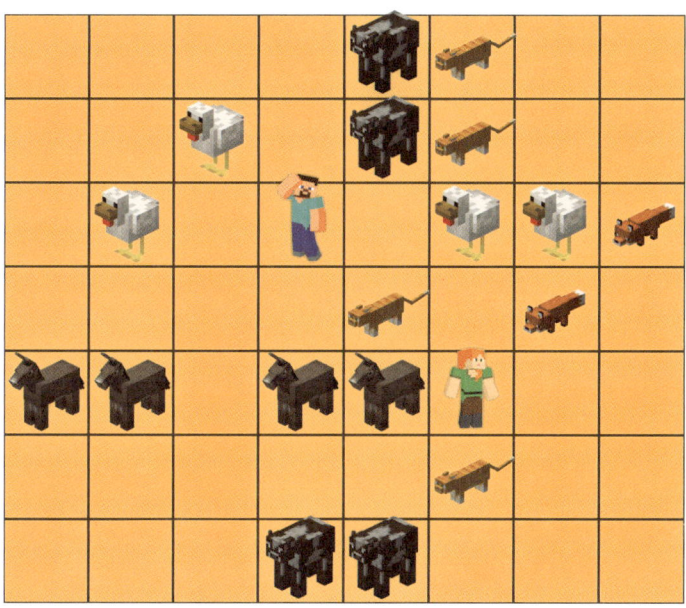

칸을 셀 때 주의할 점

대각선에 있는 칸으로 이동할 경우에는 2칸으로 세야 해요.

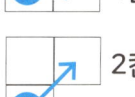

스티브

알렉스

1. 스티브에서 4칸 이내에 있는 소와 말의 수를 합하면 몇 마리일까요?

   답. ☐ 마리

2. 알렉스에서 3칸 이내에 있는 고양이, 닭, 말의 수를 합하면 몇 마리일까요?

   답. ☐ 마리

마인크래프트 공략 방법 — 동물을 보트에 태울 수 있다!

강이나 바다 건너에서 동물을 데려오고 싶다면 보트를 만들면 된다. 동물을 보트에 태워 이동할 수 있다. 동물이 보트에서 내리지 않을 때는 보트를 부숴야 한다.

미션 15

수학 세 수의 덧셈과 뺄셈　**코딩** 알고리즘 이해 | 알고리즘 표현

동물의 먹이와 짝을 찾아라!

동물을 데려왔다면 먹이를 주고 사육해야 해. 짝을 만든 동물에게 필요한 먹이를 주고 번식시켜서 동물의 수를 늘릴 수도 있어!

미션 완료!

　　　월　　　일

1 번식에 필요한 먹이를 알아보자

동물마다 번식에 필요한 먹이가 달라요. 계산 결과가 같은 동물과 먹이를 선으로 연결해서 필요한 먹이를 알아낼 수 있어요.

소·양	닭	말	돼지

7+7+5 = ☐	5+5+6 = ☐	3+3+4 = ☐	8-2+8 = ☐
●	●	●	●

●	●	●	●

씨앗	황금 당근	밀	당근
9+5+2 = ☐	9-4+5 = ☐	2+9+8 = ☐	3+7+4 = ☐

2 동물을 같은 종류끼리 연결하자

아래 동물들을 보고 같은 종류끼리 짝을 찾아 선으로 연결해 보세요.

예시

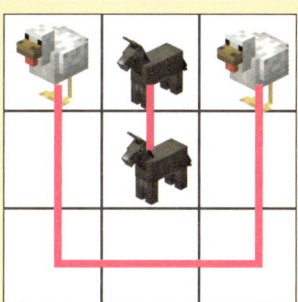

> **주의할 점**
> 선은 1칸에 1개만 그을 수 있으며, 교차하거나 대각선으로 그을 수 없어요.

힌트!
바깥쪽에 있는 동물부터 먼저 선을 그으면 쉽게 연결할 수 있어!

마인크래프트 공략 방법
말과 당나귀가 교배하면 노새가 태어난다!

말과 당나귀를 교배시키면 노새가 태어난다. 하지만 노새는 새끼를 낳지 못한다. 말을 교배시키는 데 필요한 황금 당근은 귀하니 신중하게 사용하도록 한다.

미션 16

수학 두 자리 수의 덧셈과 뺄셈 | 자연수의 곱셈   코딩 알고리즘 이해 | 알고리즘 표현

마을을 찾아 주민과 거래하라!

마을은 여러 가지 편리한 아이템을 얻을 수 있는 곳이야. 마을을 발견하면 꼭 들르는 게 좋아. 에메랄드가 있으면 마을 주민과 거래도 할 수 있을 거야!

미션 완료!

월   일

1 주민이 내는 문제를 풀어 보자

스티브가 마을을 발견해서 방문했더니 주민들의 환영을 받았어요. 주민들은 계산식을 완성하면 거래를 해 주겠다고 말했어요. 아래 문제를 풀어 보세요.

15+12=

17+26=

19+19=

30-12=

53-22=

87-63=

2 에메랄드로 주민과 거래를 하자

에메랄드를 가지고 주민에게 말을 걸면 거래를 제안할 거예요. 거래를 할 수 있는 아이템은 주민의 직업에 따라 달라요. 다음 문장을 잘 읽고 문제를 풀어 보세요.

1 농부는 에메랄드 1개를 빵 6개로 교환해 줘요. 에메랄드를 3개 주면 빵을 몇 개 받을 수 있을까요?

답. 빵은 ☐ 개 받을 수 있어요.

2 성직자는 에메랄드 5개를 엔더 진주 1개로 교환해 줘요. 엔더 진주를 3개 받으려면 에메랄드는 몇 개 필요할까요?

답. 에메랄드는 ☐ 개 필요해요.

3 갑옷 제조인은 에메랄드 9개를 철 흉갑 1개로, 에메랄드 5개를 철 헬멧 1개로, 에메랄드 4개를 철 부츠 1개로 교환해 줘요. 이 3가지와 교환하기 위해 에메랄드를 20개 준비했어요. 거래 후에 남은 에메랄드는 몇 개일까요?

답. 에메랄드는 ☐ 개 남아요.

마인크래프트 공략 방법: 썩은 고기로 에메랄드를 얻을 수 있다!

주민과 거래할 때 에메랄드 이외에도 거래할 수 있는 것이 있다. 성직자는 썩은 고기 32개를 에메랄드 1개로 교환해 준다. 썩은 고기를 많이 모으면 고성능 마법 부여 장비로 교환할 수도 있다.

미션 17

`수학` 쌓기나무 | 자연수의 덧셈과 뺄셈　`코딩` 자료의 수집 | 정보의 구조화

동굴에서 여러 가지 광석을 찾아라!

동굴을 탐험하면 여러 가지 광석을 찾을 수 있어. 광석은 여러 가지 용도로 활용할 수 있으니 많이 모아 두면 좋아. 금이나 에메랄드를 찾는 행운을 기대해 봐!

미션 완료!

　　　월　　　일

1 광석이 있는 장소로 올라가자

동굴을 탐색하다가 절벽 위에 있는 에메랄드 광석을 발견했어요. 스티브가 A 장소까지 올라갈 수 있는 길을 찾아 선으로 그어 보세요. 단, 스티브는 1블록씩만 점프할 수 있어요.

이동 규칙

스티브는 한 단계 높은 블록으로 점프해서 올라갈 수 있어요. 단, 대각선 위치에 있는 블록으로는 점프해서 올라갈 수 없어요!

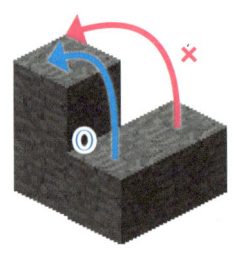

올라갈 수 있는 방법은 여러 가지가 있어!

2 모은 광석을 정리하자

모은 광석은 상자에 정리해서 보관해요. 3개의 상자에 여러 가지 광석이 들어 있는데, 각각의 상자에 광석을 더 넣으려고 해요. 3개의 상자에 들어 있는 광석의 종류와 수가 모두 같아지게 하기 위해 넣어야 할 광석을 선으로 연결해 보세요.

마인크래프트 공략 방법
엔더 상자가 있으면 광석을 모으기 편하다!

광석을 열심히 캐다 보면 상자에 아이템이 금방 가득 찰 것이다. 엔더 상자가 있으면 광석을 가지고 여러 번 집으로 가지 않아도 된다. 엔더 상자는 보관 아이템을 다른 엔더 상자와 공유할 수 있어서 엔더 상자에 아이템을 넣어 두면 어디서나 쉽게 꺼낼 수 있기 때문이다.

미션 18

수학 길이 | 자연수의 덧셈과 뺄셈 **코딩** 알고리즘 이해 | 알고리즘 표현

다이아몬드를 채굴하라!

지하에서 구할 수 있는 가장 중요한 재료는 다이아몬드란다! 다이아몬드로 만들어진 장비는 아주 뛰어나니 다이아몬드를 열심히 찾아보자!

미션 완료!

월   일

1 다이아몬드를 채굴하자

광석을 채굴할 때 흑요석 ■이 나오면 철 곡괭이로는 더 이상 채굴할 수 없어요. 출발 지점부터 채굴하며 나아갈 때, 얻을 수 있는 가장 가까운 다이아몬드는 A~D 중 어느 것일까요?

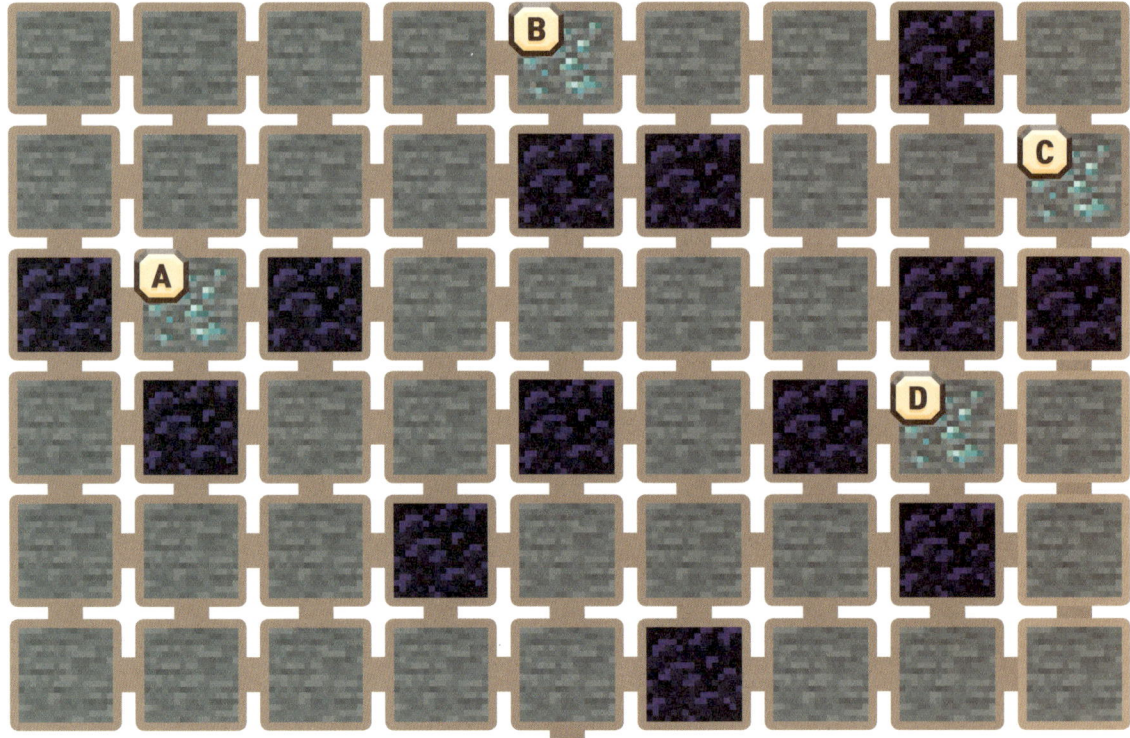

답.

2 다이아몬드를 세어 보자

다이아몬드는 행운 마법이 부여된 곡괭이를 사용하면 더 많이 얻을 수 있어요. 스티브는 행운 레벨 3이 부여된 곡괭이를 가지고 있는데, 이것으로 다이아몬드 광석을 부수면 1~4개의 다이아몬드를 얻을 수 있어요. 다음 문제를 풀어 보세요.

1 다이아몬드 광석을 행운 마법이 부여된 곡괭이로 3회 부수었더니, 첫 번째에 2개, 두 번째에 3개, 세 번째에 1개의 다이아몬드가 나왔어요. 모두 합하여 다이아몬드를 몇 개 얻었을까요?

답. 합하여 ☐ 개를 얻었어요.

2 다이아몬드 광석을 행운 마법이 부여된 곡괭이로 3번 부수었더니, 두 번째에 3개의 다이아몬드를 얻었고, 다이아몬드를 전부 11개 얻었어요. 첫 번째와 세 번째에 다이아몬드를 몇 개 얻었을까요?

답. 첫 번째에 ☐ 개, 세 번째에 ☐ 개를 얻었어요.

힌트!
2번 문제는 조금 어렵지만, 첫 번째와 세 번째의 다이아몬드 수의 합을 먼저 생각하면 답을 찾기 쉬워!

마인크래프트 공략 방법
다이아몬드가 잘 나오는 좌표가 있다!

희귀한 광석인 다이아몬드는 장비나 도구의 재료로 활용하기 좋으므로 최대한 많이 확보해야 한다. 다이아몬드가 잘 나오는 장소가 있다. 최근에는 다이아몬드가 Y 좌표의 -4부터 -65에서 나오는 경우가 많다. 좌표 표시 모드(Coordinates Display)를 켜면 화면의 왼쪽 상단에서 좌표를 확인할 수 있다.

미션 19

수학 두 자리 수의 덧셈과 뺄셈 **코딩** 알고리즘 이해 | 알고리즘 표현

몬스터를 물리치며 안전한 장소로 이동하라!

다이아몬드를 얻었으니 집으로 돌아가고 싶지만, 몬스터가 길을 방해하고 있구나! 몬스터를 물리치며 안전한 장소로 이동하자!

미션 완료!

월   일

1 안전한 장소로 이동하자

계산식의 답과 식의 앞에 쓰여 있는 숫자가 같은 칸으로만 갈 수 있어요. 안전한 도착 지점으로 가는 길을 찾아 보세요.

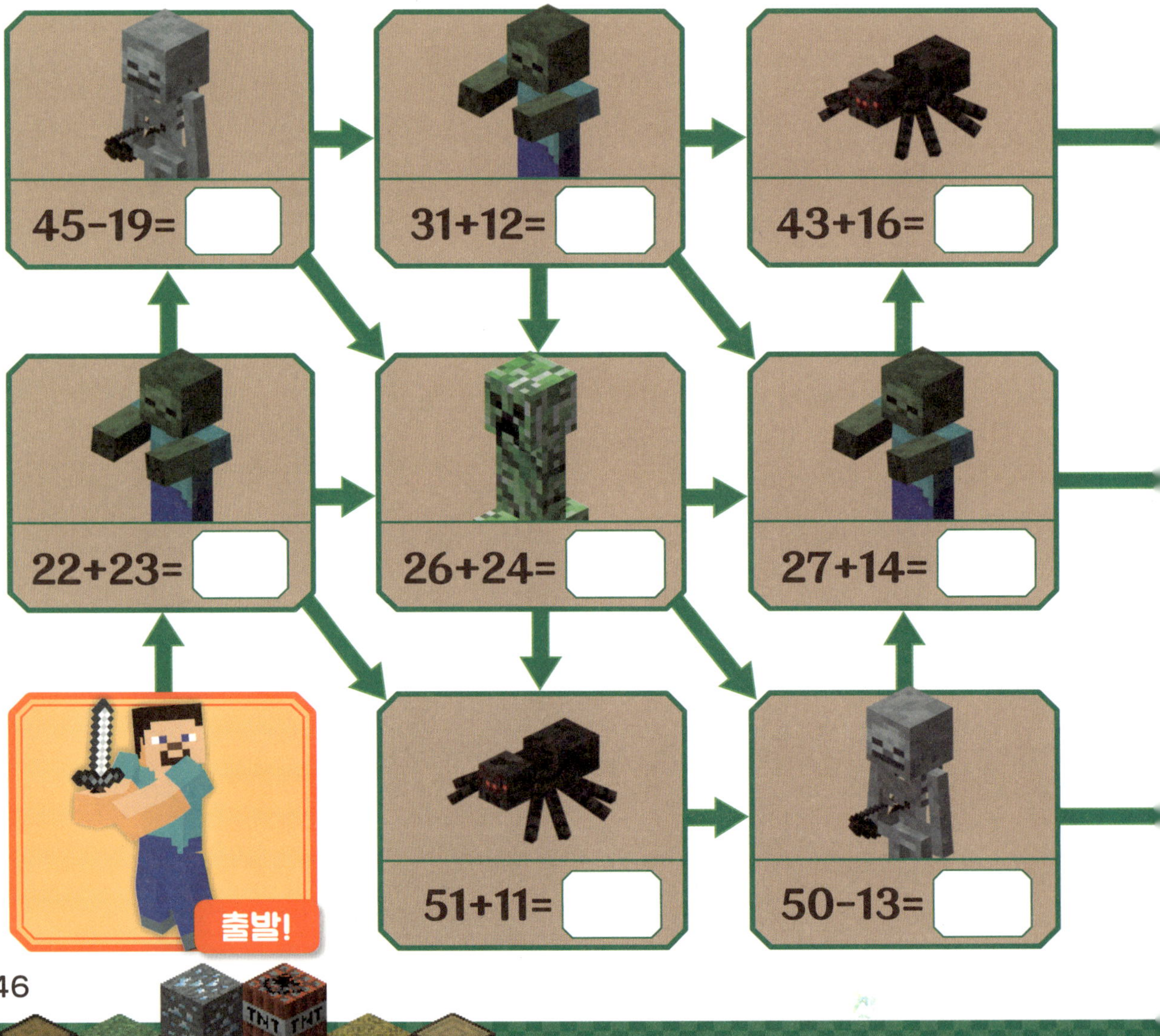

45-19=☐   31+12=☐   43+16=☐

22+23=☐   26+24=☐   27+14=☐

출발!   51+11=☐   50-13=☐

마인크래프트 공략 방법
크리퍼가 벼락을 맞으면 강해진다!

크리퍼는 벼락을 맞으면 몸에 전기를 감고 있는 충전된 크리퍼로 변신한다. 몸에 전기가 흐르기 때문에 폭발할 경우 일반 크리퍼보다 파괴력이 훨씬 높다. 희귀하지만 위험하니 가까이 가지 않도록 한다.

이어지는 칸의 앞의 숫자를 잘 살펴보면서 이동하자!

도착!

- 10+12= 22 → 22+13= ☐   ○ 이동 가능
- 12+13= 25 → 22+13= ☐   × 이동 불가능

57-11=	46+17=	50+49=
25+32=	48+12=	63-13=
37-12=	55-12=	43+15=

미션 20 | 다이아몬드로 장비를 만들어라!

수학 자연수의 덧셈과 뺄셈 | 소수의 덧셈 | 어림하기　**코딩** 자료의 수집 | 정보의 구조화

네더나 엔드에서의 공격에 대비하기 위해 다이아몬드로 무기와 갑옷을 만들어야 해! 다이아몬드 장비는 방어력이 높아서 최종 보스와 싸울 때도 사용할 수 있어!

미션 완료!

월　　일

1 방어력을 계산해 보자

지금까지 모은 다이아몬드로 무기와 갑옷을 만들어야 해요. 현재 장비와 다이아몬드 장비의 방어력은 아래와 같아요. 다음 문제를 풀어 보세요.

현재 장비

장비	방어력
황금 헬멧	2
철 흉갑	6
(장비 없음)	0
철 부츠	2

다이아몬드 장비

장비	방어력
다이아몬드 헬멧	3
다이아몬드 흉갑	8
다이아몬드 레깅스	6
다이아몬드 부츠	3

1 현재 장비를 다이아몬드 장비로 모두 바꾸면 방어력이 얼마나 올라갈까요?

답. 방어력이 ☐ 올라가요.

2 다이아몬드를 절약하기 위해 다이아몬드 헬멧은 만들지 않기로 했어요. 황금 헬멧만 그대로 착용한다면 전체 방어력은 얼마일까요?

답. ☐

2 다이아몬드 검의 성능을 확인하자

다이아몬드 검은 1번의 공격으로 상대방에게 ♥3.5개의 피해를 줄 수 있어요. 아래의 동물과 몬스터는 다이아몬드 검으로 몇 번 공격하면 쓰러뜨릴 수 있을까요?

다이아몬드 검
공격력 ♥♥♥♥

닭
HP: ♥♥
답. ☐ 번

소
HP: ♥♥♥♥♥
답. ☐ 번

거미
HP: ♥♥♥♥♥♥♥♥
답. ☐ 번

크리퍼
HP: ♥♥♥♥♥♥♥♥♥♥
답. ☐ 번

마녀
HP: ♥♥♥♥♥♥♥♥♥♥♥♥♥
답. ☐ 번

엔더맨
HP: ♥♥♥♥♥♥♥♥♥♥♥♥♥♥♥♥♥♥♥♥
답. ☐ 번

마인크래프트 공략 방법

다이아몬드보다 강한 장비가 있다!

다이아몬드로 만든 장비는 마인크래프트에서 최강 장비 중 하나이지만, 다이아몬드 장비보다 강한 장비가 있다. 바로 네더라이트 장비다. 네더라는 지옥 세계에서 찾을 수 있는 희귀한 블록인 고대 잔해를 캐내고 금과 조합하면 네더라이트가 된다. 이 네더라이트와 다이아몬드를 조합하여 네더라이트 장비를 만들 수 있다.

미션 21

수학 도형 | 규칙과 대응 코딩 문제 이해 | 정보의 구조화

흑요석을 모아 네더 차원문을 만들어라!

최종 보스가 있는 세상으로 통하는 입구를 열 준비를 하자! 네더라는 지옥 세계에서 구할 수 있는 아이템이 필요해. 흑요석을 모아 네더 차원문을 만들어서 네더에 가자!

미션 완료!
월   일

1 용암 호수에서 흑요석을 만들자

네더 차원문을 만들기 위해서는 흑요석이 필요해요. 흑요석은 용암에 물을 넣으면 만들 수 있어요. 물이 상하좌우 4곳의 용암 호수로 흘러들어 흑요석이 만들어져요. 다음 문제를 풀어 보세요.

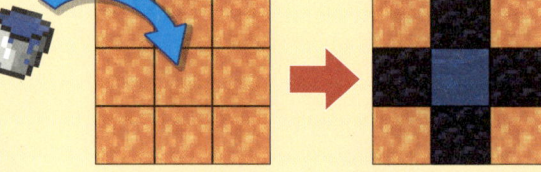

물을 넣은 칸 옆에 있는 용암이 흑요석으로 변해요.

물 양동이를 A의 용암 호수에서 2회, B의 용암 호수에서 2회 사용하려고 해요. 각각 어디로 물을 넣으면 흑요석을 가장 많이 얻을 수 있을까요? A와 B에서 물을 넣을 위치를 2곳씩 골라 ○표를 해 보세요.

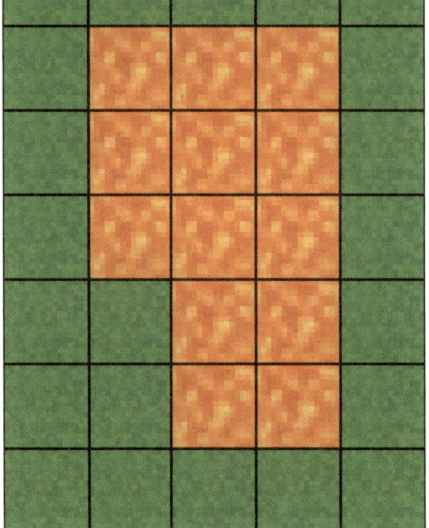

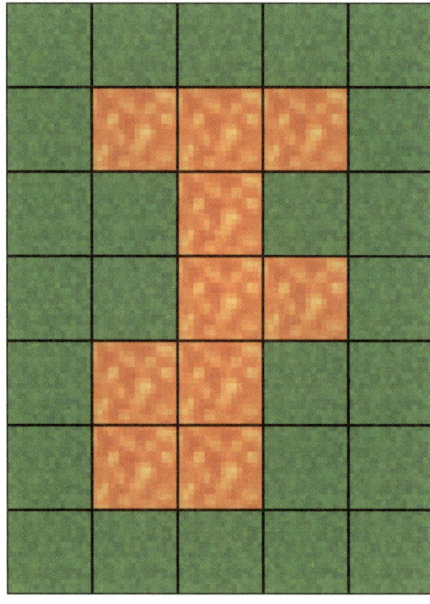

50

2 네더 차원문을 만들자

네더 차원문은 높이 3~21블록, 폭 2~21블록의 흑요석으로 둘러싸인 공간을 만들어야 해요. 오른쪽 그림은 흑요석을 가장 적게 사용해서 만든 네더 차원문이에요. 부서진 네더 차원문을 찾아 고쳐서 네더 차원문을 만들려고 해요. 다음 문제를 풀어 보세요.

아래의 부서진 네더 차원문에 흑요석을 추가해서 네더 차원문을 만들려고 해요. 가장 적은 수의 흑요석을 사용해서 상하좌우가 막힌 네더 차원문을 만들려면, 필요한 흑요석의 수는 몇 개일까요?

A

답. 흑요석은 ☐ 개 필요해요.

B

답. 흑요석은 ☐ 개 필요해요.

부싯돌과 부시로 불을 붙일 수 있다!

마인크래프트 공략 방법

네더 차원문을 만들고 안쪽에 불을 붙여야 네더 차원문이 열린다. 불을 붙이려면 부싯돌과 부시가 필요하다. 부싯돌과 철 주괴를 조합하면 부싯돌과 부시를 만들 수 있다. 부싯돌 구하는 방법을 모르는 사람들이 의외로 많은데, 강바닥의 자갈 블록을 부수다 보면 부싯돌을 찾을 수 있을 것이다.

미션 22

수학 | 규칙과 대응 | 쌍기나무로 모양 만들기 코딩 | 문제 이해 | 정보의 구조화

피글린 요새를 찾아 황금 블록을 얻어라!

네더 차원문을 통해 네더로 이동하면 피글린 요새에 갈 수 있어. 피글린 요새에는 많은 피글린이 있는데, 금괴를 가지고 있단다! 금은 피글린과 거래할 때도 사용할 수 있으므로 피글린의 빈틈을 노려보자!

미션 완료!

월   일

1 미로를 탈출해 피글린 요새로 가자

피글린 요새는 용암 미로 건너편에 있어요. 같은 길을 지나지 않도록 주의하면서 도착 지점을 향해 가는 선을 그어 보세요. 용암은 지나갈 수 없지만, 스트라이더 1마리를 만나면 위에 타서 용암을 한 번 통과할 수 있어요.

스트라이더

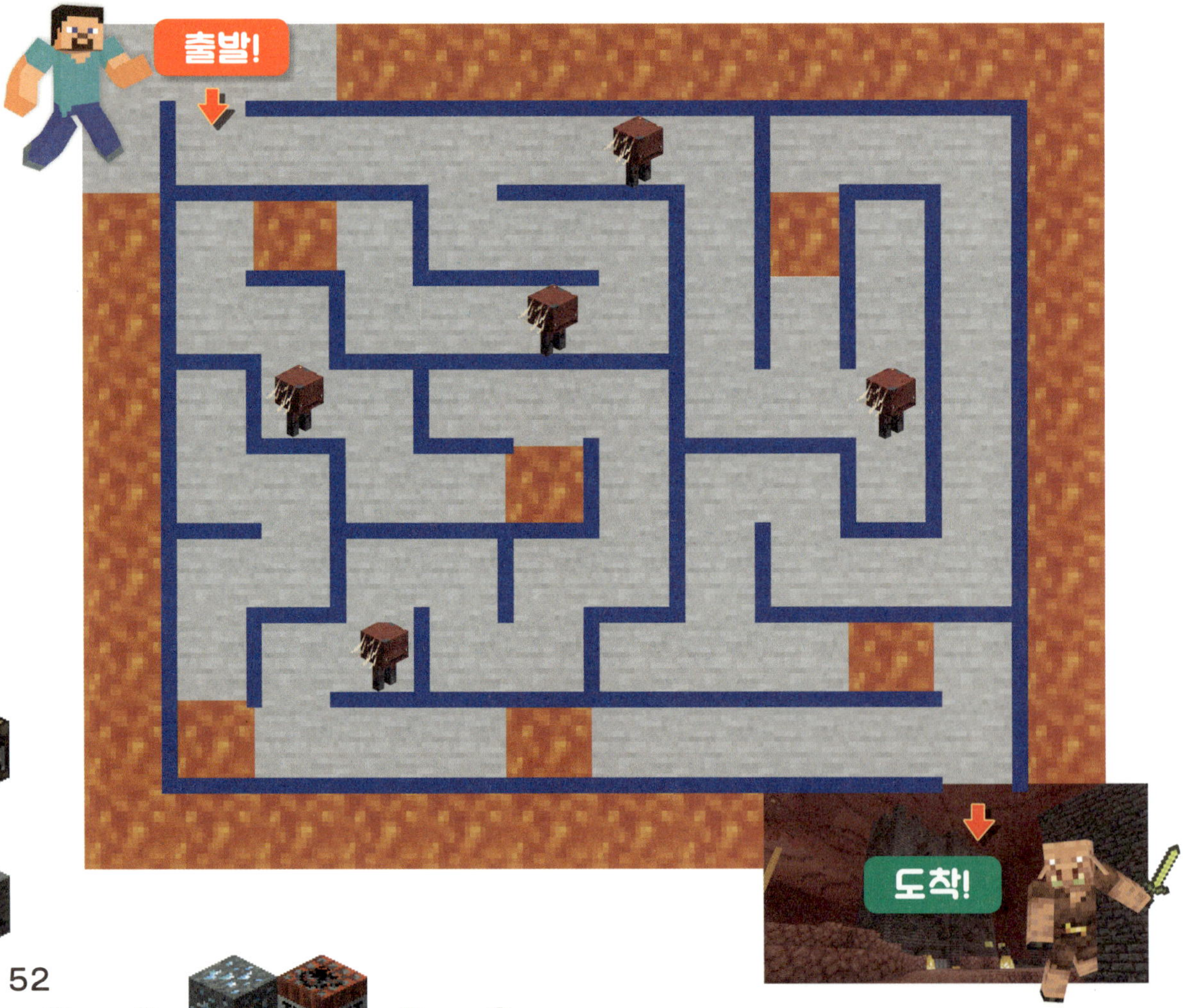

출발!

도착!

52

2 피글린의 황금 블록을 세어 보자

피글린 요새에 도착한 스티브는 쌓여 있는 황금 블록을 발견했어요. 황금 블록의 개수를 세어 보세요.

블록을 셀 때 주의할 점

왼쪽처럼 블록을 놓을 경우, 블록을 2개 쌓은 곳이 있으므로 블록의 수는 4개예요.

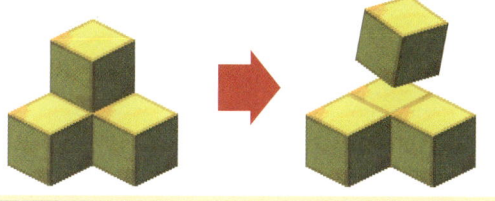

A

답. 황금 블록은 ☐ 개예요.

B

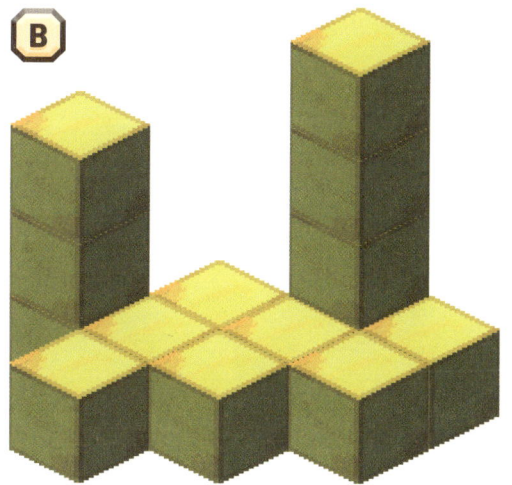

답. 황금 블록은 ☐ 개예요.

C

답. 황금 블록은 ☐ 개예요.

마인크래프트 공략 방법 — 황금 장비가 있으면 피글린과 사이좋게 지낼 수 있다!

피글린은 플레이어를 발견하면 공격하지만, 황금 장비를 하나라도 장착하고 있으면 동료라고 생각해서 먼저 공격하지 않는다. 그러니 피글린 요새에서는 황금 장비를 장착하면 좋다. 다만 금을 줍거나 상자를 여는 모습을 피글린에게 들키면 도둑이라고 생각해서 공격을 할 것이다. 피글린의 공격이 시작되면 싸우거나 빠르게 달아나도록 한다.

미션 23

수학 자연수의 덧셈과 뺄셈　**코딩** 알고리즘 이해 | 알고리즘 표현

피글린과 피글린 야수를 무찔러라!

피글린들이 열심히 모은 황금 블록을 훔치다가 들키고 말았어. 화가 난 피글린들이 공격해 오니 싸워야 해. 피글린들이 더 모여들기 전에 빨리 피글린을 물리치자!

미션 완료!

　　　월　　　일

1 피글린을 물리치자

피글린의 몸 주위에 있는 숫자와 기호를 아래 계산식의 빈칸에 써 넣어야 해요. 계산 결과가 맞도록 계산식을 완성해서 피글린을 물리쳐요.

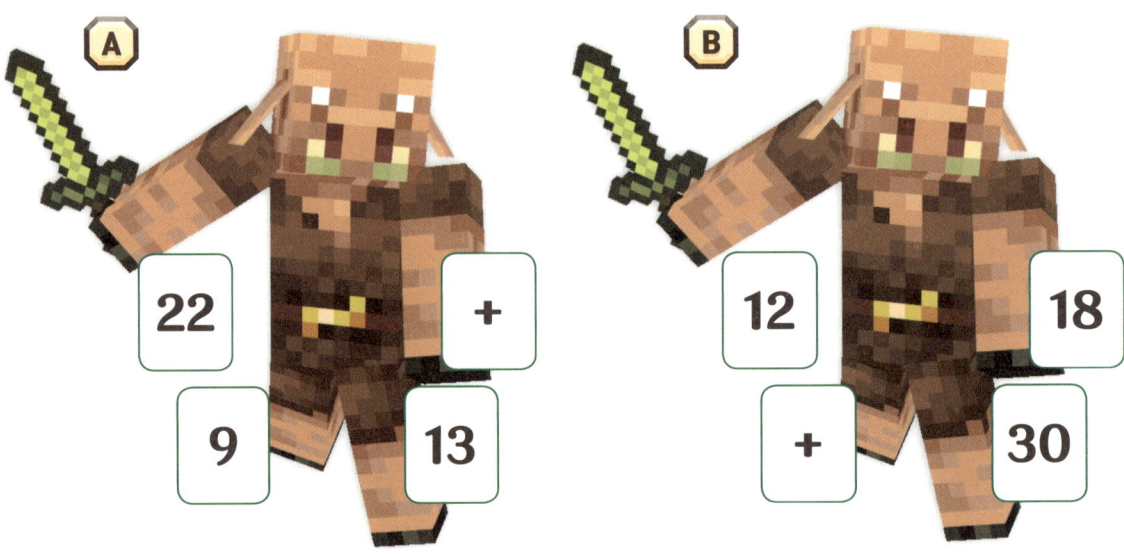

A: 22　+　9　13

B: 12　18　+　30

A: □ □ □ = □
B: □ □ □ = □

천천히 여러 가지 방법으로 계산해 보자!

2 강력한 피글린 야수를 물리치자

이번에는 더 강한 피글린 야수가 쳐들어왔어요. 계산식도 피글린보다 어려워졌어요. 차분하게 알맞은 계산식을 완성하여 피글린 야수를 쓰러뜨려야 해요.

Ⓐ 20 + ☐ − ☐ = ☐

Ⓑ ☐ + 14 − ☐ = ☐

피글린 야수는 황금 장비가 통하지 않는다!

마인크래프트 공략 방법

피글린 야수는 화를 굉장히 잘 내는 성격이기 때문에 황금 장비를 장착하고 있어도 플레이어를 공격한다. 게다가 피글린 야수를 공격하면 가까이 있는 일반 피글린도 플레이어를 공격하기 때문에 위험하다. 다만 피글린 야수는 피글린 요새에서만 나타나고, 한 번 쓰러뜨리면 다시 생성되지 않아 계속 싸우지 않아도 되니 안심해도 된다.

미션 24

수학 규칙과 대응 | 자연수의 덧셈 **코딩** 문제 이해 | 정보의 구조화

피글린과 거래해서 엔더 진주를 모아라!

피글린 요새에서 피글린을 화나게 했으니 다른 피글린을 찾아 거래해야겠구나! 피글린 앞에 금 주괴를 떨어뜨리면 다양한 아이템으로 거래할 수 있어!

미션 완료!

월   일

1 거래할 피글린을 만나러 가자

피글린이 있는 도착 지점까지 떨어져 있는 황금 장비를 모두 주우며 가요. 같은 길을 지나지 않도록 주의하면서 도착 지점을 향해 가는 선을 그어 보세요.

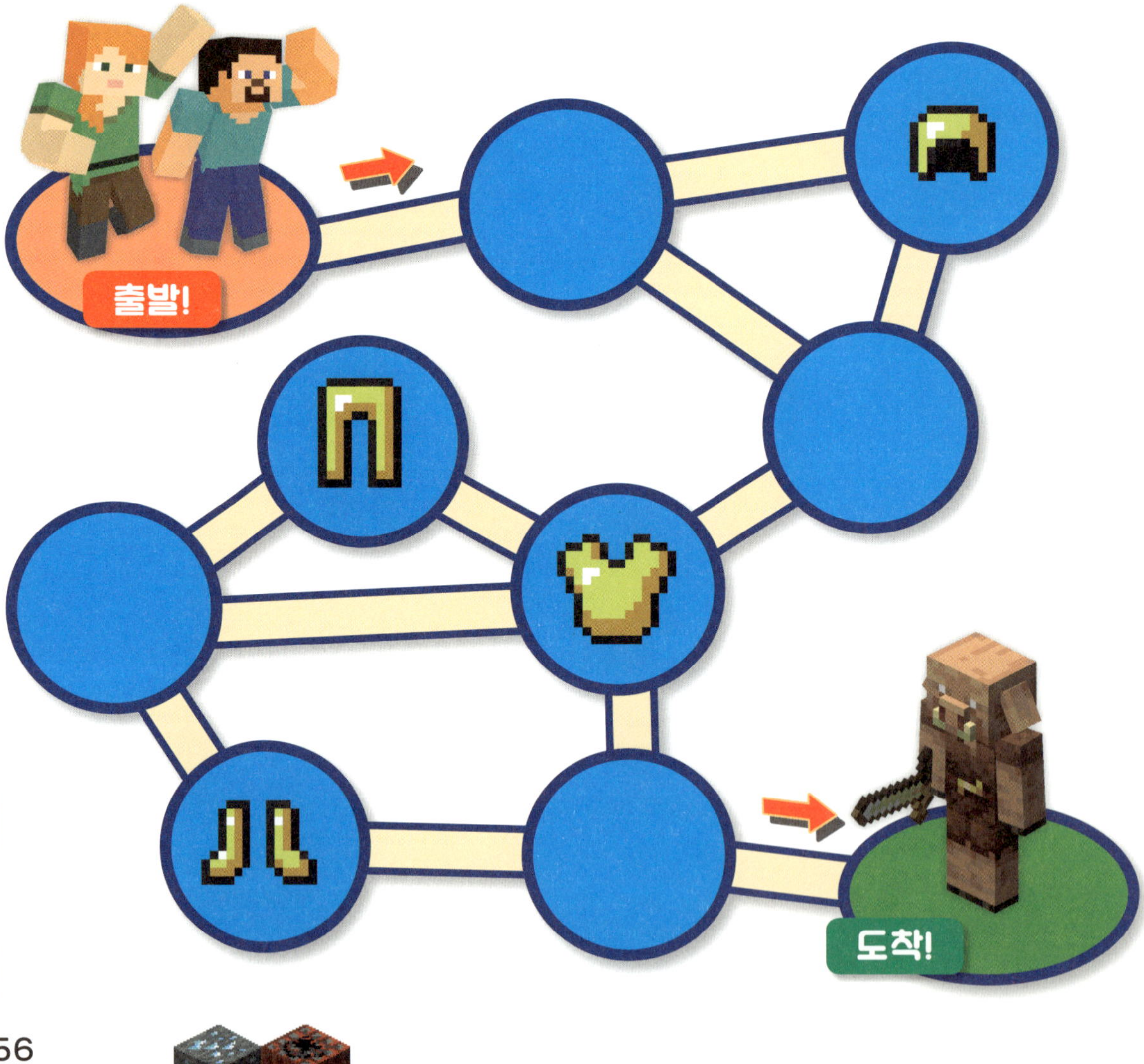

56

2 엔더 진주를 거래하자

피글린과 거래를 해 보아요. 피글린에게 금 주괴를 건네면 화살표 순서대로 아이템을 줄 거예요. 다음 문제를 풀어 보세요.

- 네더 벽돌
- 자갈
- 흑요석
- 네더 석영
- 엔더 진주
- 마법이 부여된 책

마법이 부여된 책은 쉽게 얻을 수 없는 희귀 아이템이야!

① 엔더 진주를 3개 받으려면 거래를 몇 번 해야 할까요?

답. ☐ 번 거래해야 해요.

② 엔더 진주를 3개 받을 때까지 자갈을 몇 개 얻게 될까요?

답. 자갈을 ☐ 개 얻을 수 있어요.

마인크래프트 공략 방법
피글린에게 마법이 부여된 아이템을 얻을 수 있다!

영혼 가속 마법이 부여된 책과 부츠는 피글린과의 거래에서 구할 수 있는 희귀한 아이템이다. 영혼 가속 마법이 부여된 부츠를 신으면 영혼 모래, 영혼 흙 등의 블록 위에서 걷는 속도가 빨라져서 네더에서 쉽게 이동할 수 있다.

미션 25

수학 세 수의 덧셈과 뺄셈　**코딩** 알고리즘 이해 | 알고리즘 표현

네더 요새에서 몬스터를 무찔러라!

네더 요새는 강력한 몬스터가 있는 아주 위험한 장소란다! 하지만 엔드로 가기 위해서는 네더 요새에 있는 블레이즈에서 얻을 수 있는 재료가 반드시 필요해. 네더 요새를 모험해 보자!

미션 완료!

월　　　일

1 수를 비교해서 몬스터를 쓰러뜨리자

네더 요새 안에는 많은 몬스터들이 있어요. 계산 결과가 50보다 큰 칸의 몬스터만 쓰러뜨릴 수 있어요. 도착 지점까지 몬스터를 쓰러뜨리며 길을 찾아 보세요.

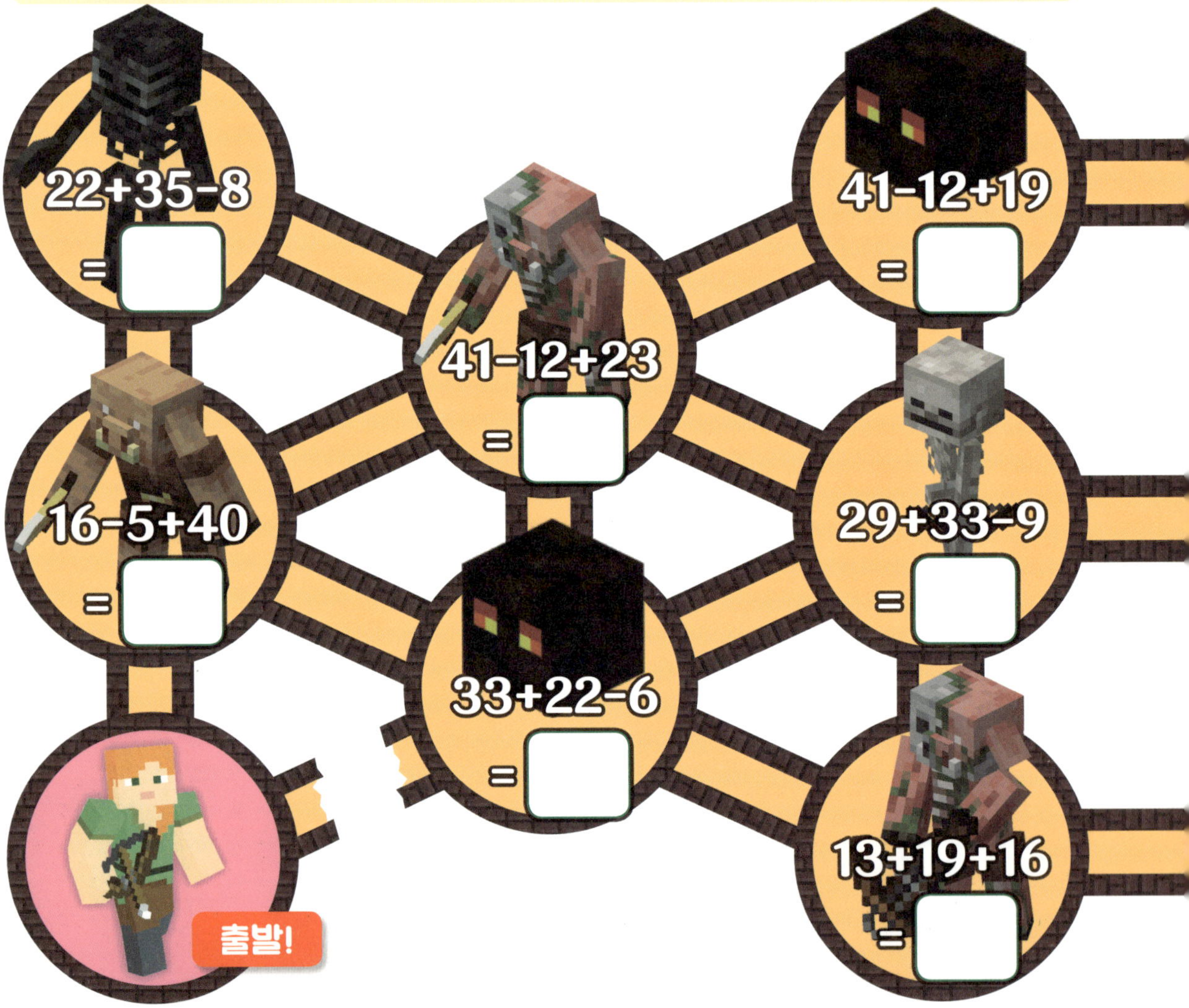

22+35-8 =

41-12+19 =

41-12+23 =

16-5+40 =

29+33-9 =

33+22-6 =

13+19+16 =

출발!

마인크래프트 공략 방법
위더 스켈레톤을 쉽게 피할 수 있다!

네더 요새에서 위더 스켈레톤을 만나 쓰러뜨리면 석탄, 뼈 등의 아이템을 얻을 수 있다. 하지만 플레이어의 체력을 떨어뜨리는 위더(시듦) 효과를 주는 아주 위험한 몬스터이므로 주의해야 한다. 위더 스켈레톤은 키가 커서 높이가 3블록 이상인 곳만 지나갈 수 있다는 점을 이용해서 쉽게 피할 수 있다. 높이 2블록인 장소를 만들어서 들어가면 위더 스켈레톤이 공격하지 못할 것이다.

힌트!
계산식의 답은 모두 50에 가까워. 만약 답이 50과 차이가 크다면 계산을 다시 해 보자!

도착!

- 40−8+17 =
- 35+22−6 =
- 21−10+38 =
- 60−22+13 =
- 9+32+11 =
- 44−21+29 =
- 11+22+15 =
- 15+16+17 =

미션 26

수학 길이 | 세 수의 덧셈과 뺄셈 | 수의 크기 비교 **코딩** 문제 이해 | 알고리즘 이해

블레이즈 막대기를 모아라!

엔드의 문을 찾고 활성화하기 위해 엔더의 눈이 필요해. 엔더의 눈을 만들려면 블레이즈 막대기를 많이 모아야 해! 블레이즈 생성기를 찾아 블레이즈를 쓰러뜨려 블레이즈 막대기를 모으자!

미션 완료!

월   일

1 블레이즈의 생성기를 찾자

아래 문장의 빈칸을 채우며 스티브가 생성기가 있는 위치까지 갈 수 있는 길을 찾아 보세요. 스티브는 상하좌우로만 이동할 수 있고 블록이 있는 곳은 통과할 수 없어요.

- 횃불
- 상자
- 계단
- 펜스
- 용암
- 네더 사마귀
- 생성기

 **힌트!**
스티브의 상하좌우에 무엇이 있는지 잘 확인해야 해!

① [　　　] 이(가) 있는 방향으로 2칸 이동해요.

② [　　　] 이(가) 있는 방향으로 3칸 이동해요.

③ 생성기가 있는 방향으로 [　　] 칸 이동하면 생성기에 도착해요.

2 블레이즈를 쓰러뜨리자

생성기에 도착했는데 생성기에서 블레이즈가 계속 나오고 있어요. 아래 계산식의 답을 찾으면 블레이즈를 쓰러뜨릴 수 있어요. 다음 문제를 풀어 보세요.

1 아래 계산식에서 계산 결과가 가장 작은 수는 얼마일까요?

40−9+11
=

22+11+12
=

31−10+21
=

16+15+8
=

답. 가장 작은 수는 ☐

2 쓰러진 동료를 본 블레이즈가 화가 나서 더 거세게 공격해 와요.
아래 계산식에서 계산 결과가 가장 큰 수는 얼마일까요?

56−15+40
=

72−33+51
=

11+33+44
=

90−28+18
=

답. 가장 큰 수는 ☐

마인크래프트 공략 방법
엔드 차원문을 열기 위해 엔더의 눈이 필요하다!

엔더 드래곤이 있는 엔드로 연결되는 엔드 차원문을 열기 위해서는 엔더의 눈이 필요하다. 엔더의 눈은 블레이즈 막대기와 엔더 진주로 제작대에서 만들 수 있다. 블레이즈 막대기는 블레이즈에게 얻고, 엔더 진주는 엔더맨에게 얻어야 한다. 엔더의 눈은 엔드 차원문을 찾고 활성화하는 데 필요하니 20개 정도 만들어 두어야 한다.

미션 27

수학 | 자연수의 덧셈과 뺄셈 | 직선   코딩 | 자료의 수집 | 정보의 구조화

엔더의 눈으로 요새의 입구를 찾아라!

블레이즈 막대기와 엔더 진주를 충분히 모았으면 엔더의 눈을 만들어야 해! 엔더의 눈을 사용해서 요새를 찾고 엔드 차원문을 활성화할 수 있어!

미션 완료!
월   일

1 엔더의 눈을 만들자

엔더의 눈은 엔더 진주 1개와 블레이즈 막대기 1개로 만들 수 있어요. 엔더 진주 12개와 블레이즈 막대기 18개를 가지고 있다고 할 때, 다음 문제를 풀어 보세요.

① 현재 가지고 있는 엔더 진주와 블레이즈 막대기로 엔더의 눈을 최대한 많이 만들려고 합니다. 엔더의 눈을 몇 개 만들 수 있을까요?

답. 엔더의 눈은 ☐ 개 만들 수 있어요.

② 1번 문제에서 만든 엔더의 눈을 사용하다가 4개가 부서졌어요. 엔더맨을 쓰러뜨려 엔더 진주를 3개 더 줍고 엔더의 눈을 최대한 많이 만들었어요. 이때 만들어진 엔더의 눈은 몇 개일까요?

답. 엔더의 눈은 ☐ 개 있어요.

마인크래프트 공략 방법

요새의 입구는 마을의 우물 밑에 있다!

엔더의 눈으로 요새를 찾다 보면 엔더의 눈이 마을의 우물을 향해 날아가는 경우가 자주 있다. 요새의 입구가 마을의 우물 바로 아래에 있는 경우가 많기 때문이다. 엔더의 눈이 마을의 어떤 방향으로 날아가고 있다면, 그 마을의 우물 지하를 확인하면 요새를 쉽게 찾을 수 있을 것이다.

2 엔더의 눈으로 요새를 찾자

엔더의 눈은 요새의 입구 쪽을 향해 날아가요. 요새 근처에 있다면 엔더의 눈을 두 곳에 던져 요새의 입구가 있는 곳을 확인할 수 있어요. 다음 문제 풀이 예시를 참고해서 요새의 입구가 있는 위치를 찾아 그 칸에 ○표를 해 보세요.

문제 풀이 예시

엔더의 눈이 날아간 방향으로 선을 그어요.

➡ 선이 교차한 장소가 요새의 입구!

① A에서 던진 엔더의 눈은 간판 🪧 을 향해 날아가요.

② B에서 던진 엔더의 눈은 해바라기 🌻 를 향해 날아가요.

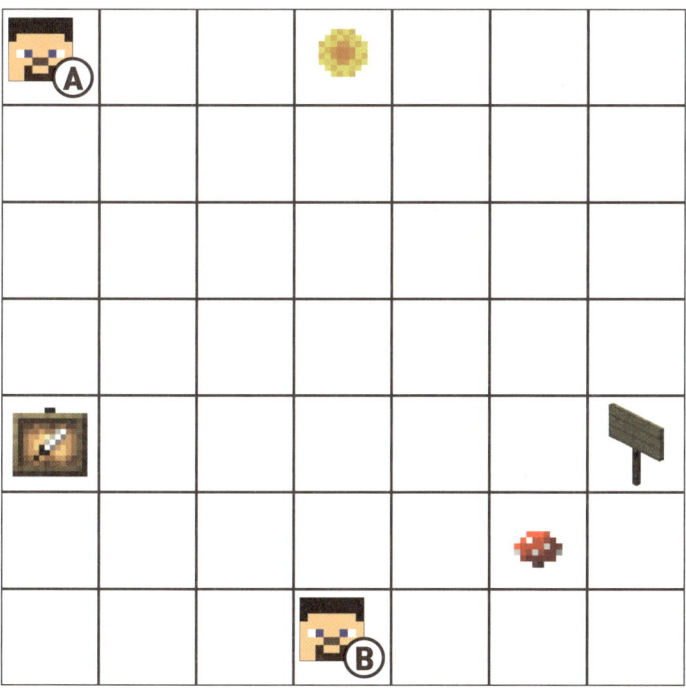

힌트!
자를 사용하면 선을 깨끗하게 그을 수 있어!

미션 28

수학 도형 **코딩** 알고리즘 이해 | 알고리즘 표현

숨어 있는 엔드 차원문을 찾아라!

엔드와 연결되는 엔드 차원문은 요새의 깊숙한 곳에 숨겨져 있지! 요새는 미로처럼 복잡한 지형으로 되어 있으니 신중하게 안쪽으로 들어가 보자!

미션 완료!
월   일

1 요새의 안을 조사하자

요새에는 많은 동굴거미가 길을 막고 있어요. 동굴거미를 만나지 않고 도착 지점을 향해 갈 수 있는 길을 찾아 보세요. 사다리는 블록을 오르내릴 때 사용할 수 있는 도구이므로 적절하게 사용해 보세요!

도착!

출발!

2 진짜 엔드 차원문을 찾자

요새 안으로 들어갔더니 엔드 차원문이 있어요. 아래에 있는 엔드 차원문을 참고해서, 빈 공간에 들어갈 그림을 찾아 보세요.

엔드 차원문

힌트!
12개의 초록색 블록은 엔더의 눈이 들어 있는 블록과 들어 있지 않은 블록이 섞여 있어. 엔더의 눈에 주목하면 쉽게 찾을 수 있어!

A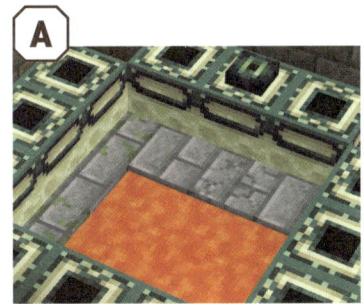
B
C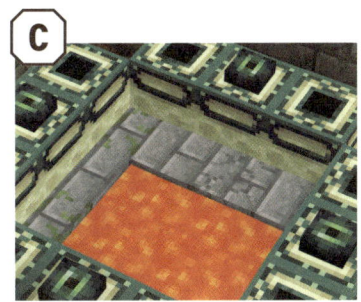

답. 알맞은 그림 조각은 ☐

미션 29

수학 규칙과 대응 | 규칙 찾기   코딩 알고리즘 이해 | 알고리즘 표현

엔더의 눈으로 엔드 차원문을 활성화하라!

엔드 차원문 주위의 모든 블록에 엔더의 눈을 설치하면 차원문을 활성화시킬 수 있어! 차원문 활성화에 성공했다면 이제 엔더 드래곤이 사는 세계로 가 보자!

미션 완료!

월   일

1 부족한 엔더의 눈을 보충하자

요새를 찾으면서 엔더의 눈이 많이 손상되었어요. 엔더의 눈을 더 만들기 위해 엔더 진주를 모아야 해요. 엔더 진주를 가지고 있는 엔더맨을 모두 쓰러뜨리며 도착 지점으로 이동해요. 엔더 진주를 가지고 있지 않은 엔더맨은 통과할 수 없어요.

■ 엔더맨   ● 엔더 진주

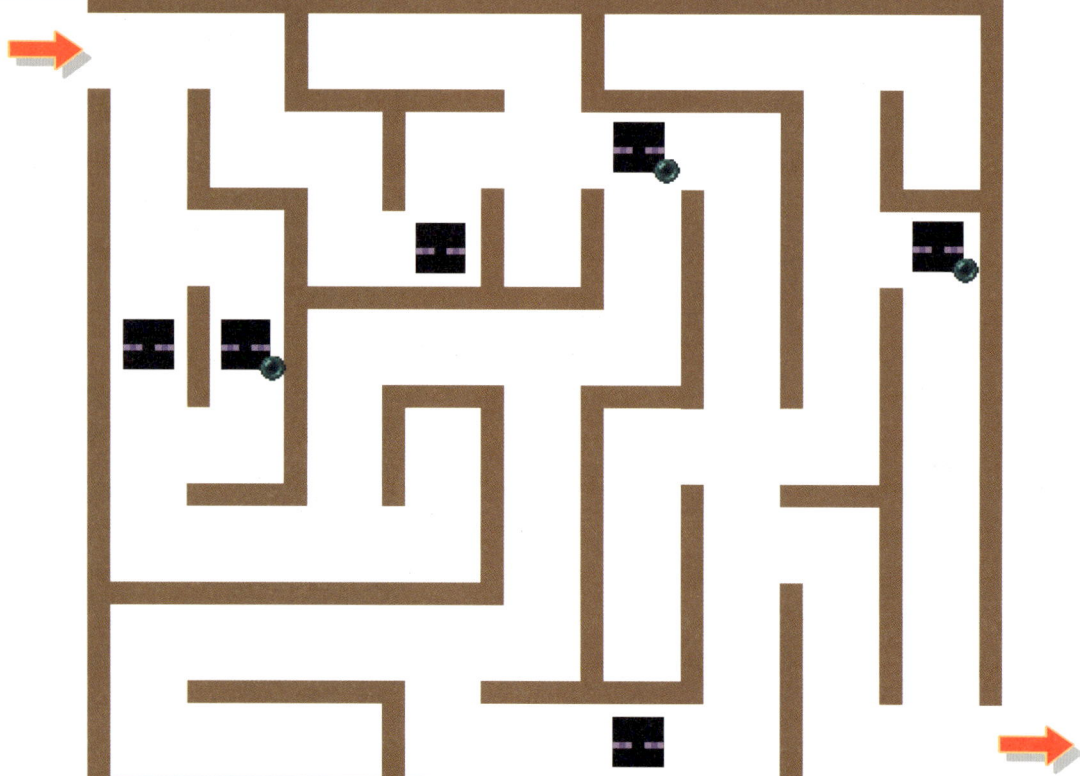

출발!   도착!

2 규칙을 찾아 엔더의 눈을 설치하자

엔더의 눈을 설치하기 위한 12개의 블록이 있고, 블록 주위에는 숫자가 적혀 있어요. 숫자는 규칙적으로 배열되어 있는데, 비어 있는 칸의 수를 찾으면 엔더의 눈을 설치할 수 있어요. 비어 있는 칸의 수를 예상해 보세요.

힌트! 수가 어떤 규칙에 따라 늘어나는 거 같아!

마인크래프트 공략 방법 — 엔드 차원문은 일방통행이다!

활성화된 엔드 차원문에 들어가면 엔드로 갈 수 있지만, 한 번 들어가면 최종 보스를 쓰러뜨릴 때까지 원래의 세계로 돌아갈 수 없다. 엔드 차원문에 들어가기 전에 엔드 차원문 근처로 부활할 장소를 옮겨 놓아야 만약 엔드에서 공격당해 리스폰하더라도 재도전하기가 쉽다. 엔드 차원문 근처에 침대를 두고 잠을 자서 리스폰 장소를 옮긴 뒤 엔드로 가도록 한다.

미션 30

수학 | 길이 | 규칙과 대응 코딩 | 문제 이해 | 정보의 구조화

섬 너머에 있는 엔더 드래곤을 찾아라!

드디어 엔드에 도착했구나! 이제 엔더 드래곤을 찾아보자! 엔더 드래곤이 사는 섬은 하늘섬 건너에 있어. 섬을 건너다 발을 잘못 디디면 지옥으로 떨어지니 조심해야 할 거야!

미션 완료!

월   일

1 엔더 드래곤이 사는 섬으로 가자

섬과 섬의 사이에는 지옥 ■이 펼쳐져 있어요. 지옥에 떨어지지 않도록 조심해요. 블록을 사용하여 엔더 드래곤이 있는 섬까지 길을 만들어 이동하려고 해요. 섬을 모두 건너가는 데 가장 빠른 길로 가면서 블록을 가장 적게 사용한다면, 블록은 몇 개 필요할까요? 스티브는 대각선으로 이동하거나, 지옥에 들어갈 수는 없어요.

 ○ 이동 가능!   X 이동 불가능!    X 이동 불가능!

출발!

답. 블록은 ☐ 개 필요해요.

2 엔더맨을 피해 엔더 드래곤을 만나자

엔더 드래곤이 있는 섬에는 엔더맨이 많이 돌아다녀요. 엔더맨을 피해 엔더 드래곤이 있는 도착 지점까지 가야 해요. 엔더맨은 물을 싫어해요. 스티브가 가지고 있는 물 양동이를 사용하여 딱 한 번 엔더맨이 있는 칸을 통과할 수 있어요. 엔더 드래곤에게 가는 길을 찾아 선으로 그어 보세요.

물 양동이를 사용하여 딱 한 번 엔더맨이 있는 칸을 통과할 수 있어요!

마인크래프트 공략 방법: 엔더맨은 물에 약하다!

엔더맨은 물에 닿거나 비를 맞으면 피해를 입기 때문에 플레이어가 물속에 있으면 접근하지 못한다. 만약 엔더맨에게 공격을 당한 경우, 바다나 강으로 숨으면 된다. 물 양동이로 물을 땅에 뿌리는 것도 효과가 있다. 물을 싫어하기 때문에 플레이어에게 접근하지 못할 것이다.

미션 31

수학 | 길이 | 규칙 찾기   코딩 | 문제 이해 | 알고리즘 이해

엔더 드래곤을 보호하는 엔드 수정을 파괴하라!

엔더 드래곤은 엔드 수정에게 보호를 받고 있어. 엔드 수정이 엔더 드래곤을 회복시켜 주지 못하도록 엔드 수정을 먼저 파괴하러 가자!

미션 완료!

월   일

1 엔드 수정에 접근하자

엔더 드래곤의 주위에는 엔드 수정이 놓여 있어요. 스티브가 있는 위치에서 가장 가까운 엔드 수정과 가장 먼 엔드 수정은 어느 것일까요? 스티브는 엔드 수정과 엔더 드래곤이 있는 칸은 통과할 수 없고, 대각선으로 이동할 수 없어요. 엔드 수정까지 가장 빠른 길로 세어 보아요.

 ○ 이동 가능!   ○ 이동 가능!   X 이동 불가능!

답. 가장 가까운 엔드 수정은 ☐   답. 가장 먼 엔드 수정은 ☐

2 엔드 수정을 파괴하자

스티브가 있는 곳에서 엔드 수정까지 일정한 규칙으로 숫자가 배열되어 있어요.
엔드 수정 옆의 빈칸에 맞는 숫자를 넣으면 엔드 수정을 파괴할 수 있어요. 빈칸에
알맞은 수를 써 보세요.

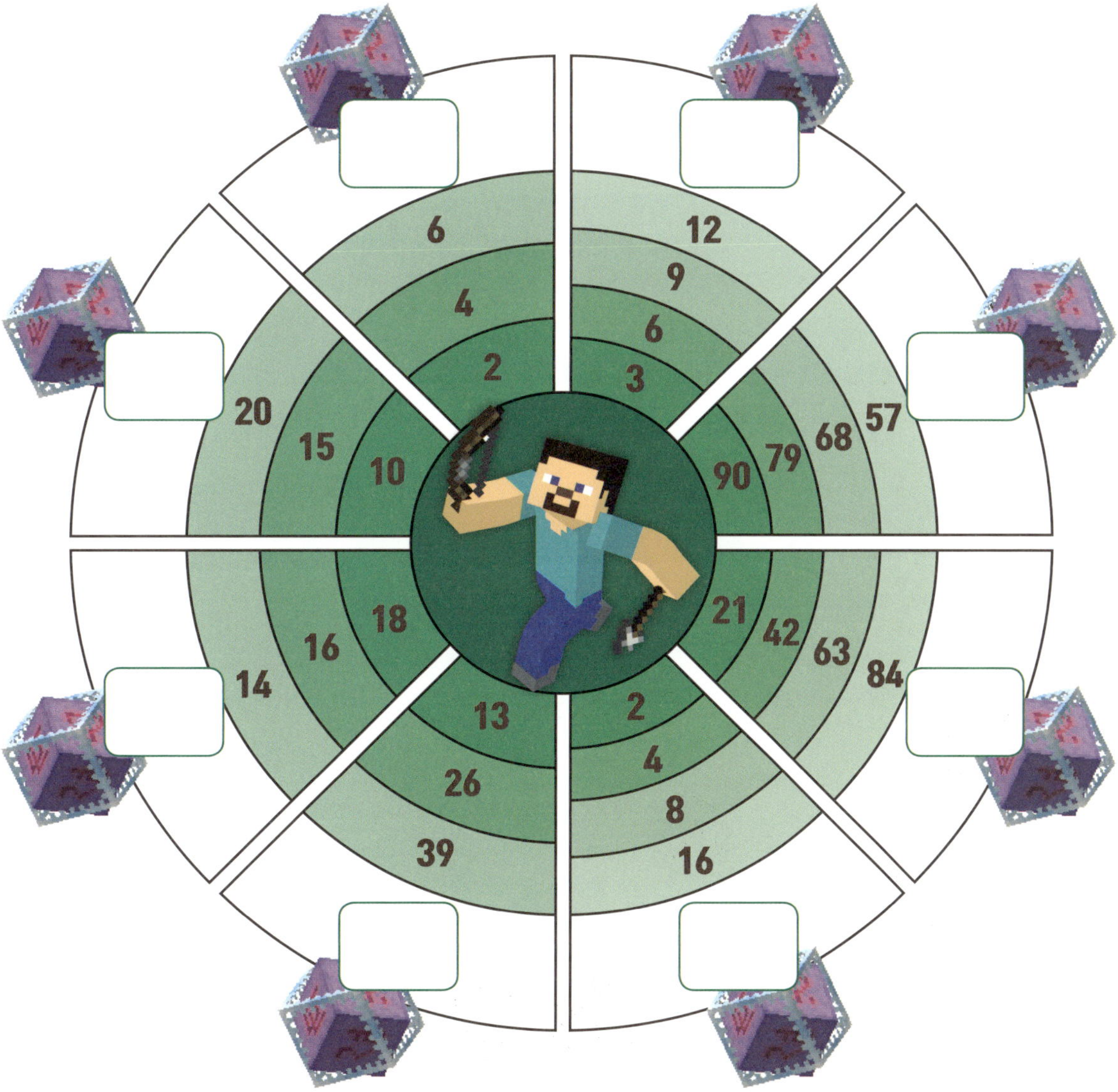

마인크래프트 공략 방법
철창 속의 수정도 활과 화살로 파괴할 수 있다!

엔더 드래곤 주위에 있는 엔드 수정 중에는 철창에서 보호되고 있는 것도 있다. 철창을 부수어야 엔드 수정을 파괴할 수 있다고 생각하겠지만, 사실은 활과 화살로 철창의 틈을 뚫어 엔드 수정을 파괴할 수 있다

미션 32

수학 평면도형의 이동 | 규칙과 대응   코딩 문제 이해 | 알고리즘 이해

최종 보스 엔더 드래곤의 공격을 피하라!

엔드 수정을 모두 파괴했구나! 이제 엔더 드래곤과 대결할 수 있겠어. 엔더 드래곤이 땅으로 내려왔을 때가 공격할 기회야. 하지만 가까이 다가가면 드래곤의 숨결로 공격을 받으니 조심해!

미션 완료!

월   일

1 드래곤의 숨결 공격을 피하자

드래곤은 멀리서도 숨결로 공격할 수 있어요. 보라색 칸은 숨결이 남아 있는 곳이니 조심해야 해요. 남아 있는 숨결에 '엔더 드래곤이 보낸 숨결'을 겹치지 않게 배열하면 숨결의 영향력이 없는 곳이 1칸 있어요. 그 칸에 ○표를 해 보세요.

엔더 드래곤이 보낸 숨결

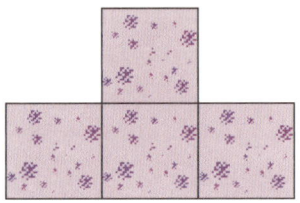

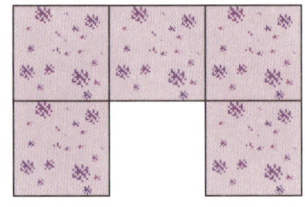

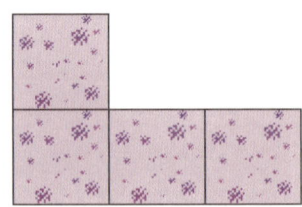

엔더 드래곤이 보낸 숨결은 회전도 가능해.
숨결은 흑요석 위에는 놓을 수 없어!

2 엔더 드래곤의 움직임을 예측하자

엔더 드래곤은 하늘을 날아다니다 땅으로 내려올 거예요. 그때가 공격할 기회예요!
엔더 드래곤은 A~D의 입구로 들어가서 화살표 방향으로 이동해요.
엔더 드래곤이 가운데 장소에 도착하려면 어떤 입구로 들어가야 할까요?

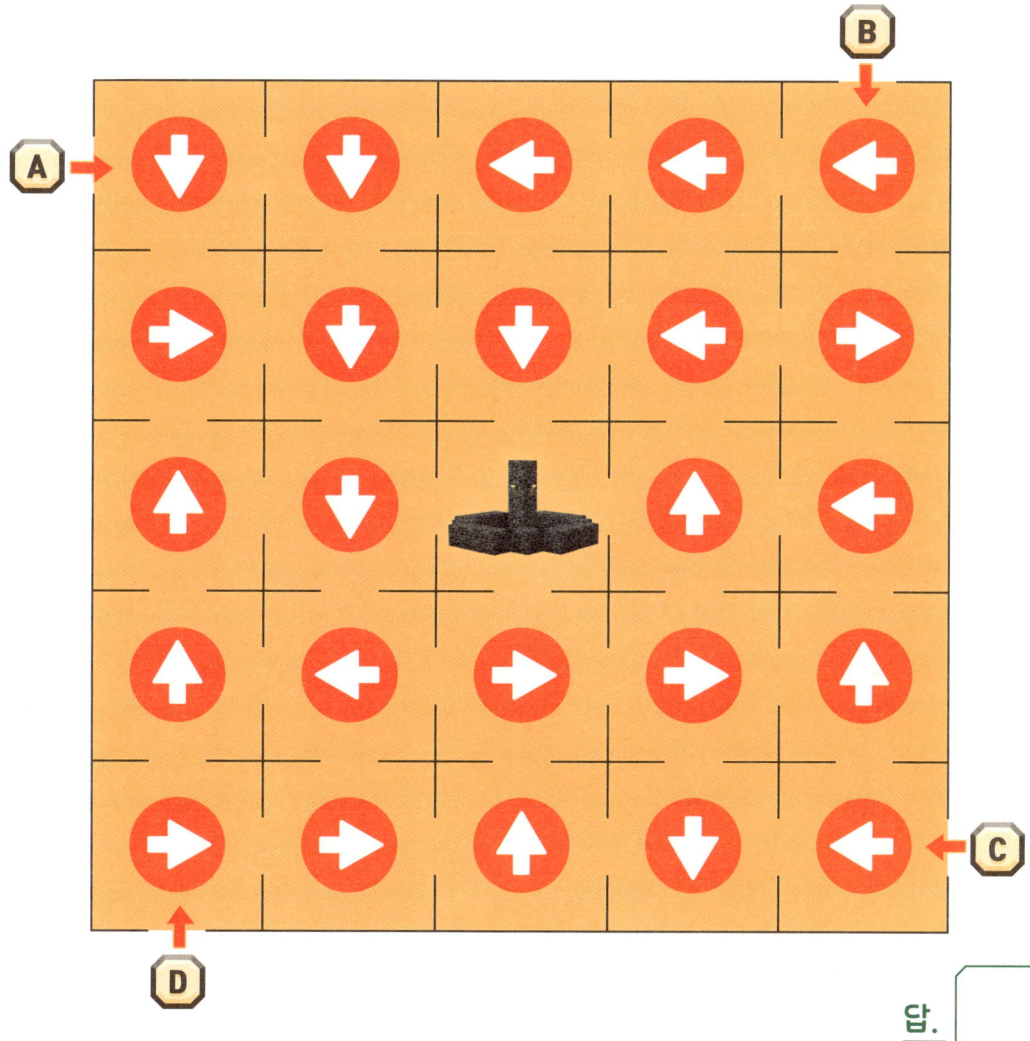

답.

침대로 엔더 드래곤에게 큰 피해를 줄 수 있다!

엔드에서 침대에 누우려고 하면 침대가 폭발해서 주위에 큰 피해를 입힌다.
이것을 이용해서 엔더 드래곤이 내려왔을 때 침대를 폭발시켜 큰 피해를 줄 수 있다.
다만 플레이어도 폭발에 휘말릴 수 있으므로 침대와 플레이어 사이에 미리 블록을 놓아 폭발로부터 몸을 보호해야 한다.

미션 33

수학 세 수의 덧셈과 뺄셈 | 수의 크기 비교　**코딩** 알고리즘 이해 | 알고리즘 표현

최종 보스 엔더 드래곤을 무찔러라!

엔더 드래곤이 하늘을 날다가 내려왔을 때가 공격할 기회야! 엔더 드래곤에게는 방어력이 낮은 부위가 있어. 숨겨진 약점을 찾아서 공격해 보자!

미션 완료!

월　　　일

1 엔더 드래곤의 약점을 찾자

엔더 드래곤에게 있는 약점을 찾아 공격하면 큰 피해를 줄 수 있어요. 계산 결과가 가장 큰 곳이 약점이 있는 곳이에요. 엔더 드래곤의 약점은 어디일까요?

날개
104-36+22=☐

목
122+42-58=☐

꼬리
166-54-12=☐

앞발
101+68-91=☐

답. 엔더 드래곤의 약점은 ☐

2 엔더 드래곤을 무찌르자

약점을 찾는 데 성공해서 엔더 드래곤에게 큰 피해를 줄 수 있었어요. 엔더 드래곤에게 더 강력한 일격을 가해 보아요! 모든 계산식의 답을 정확하게 구하면 엔더 드래곤을 쓰러뜨릴 수 있어요!

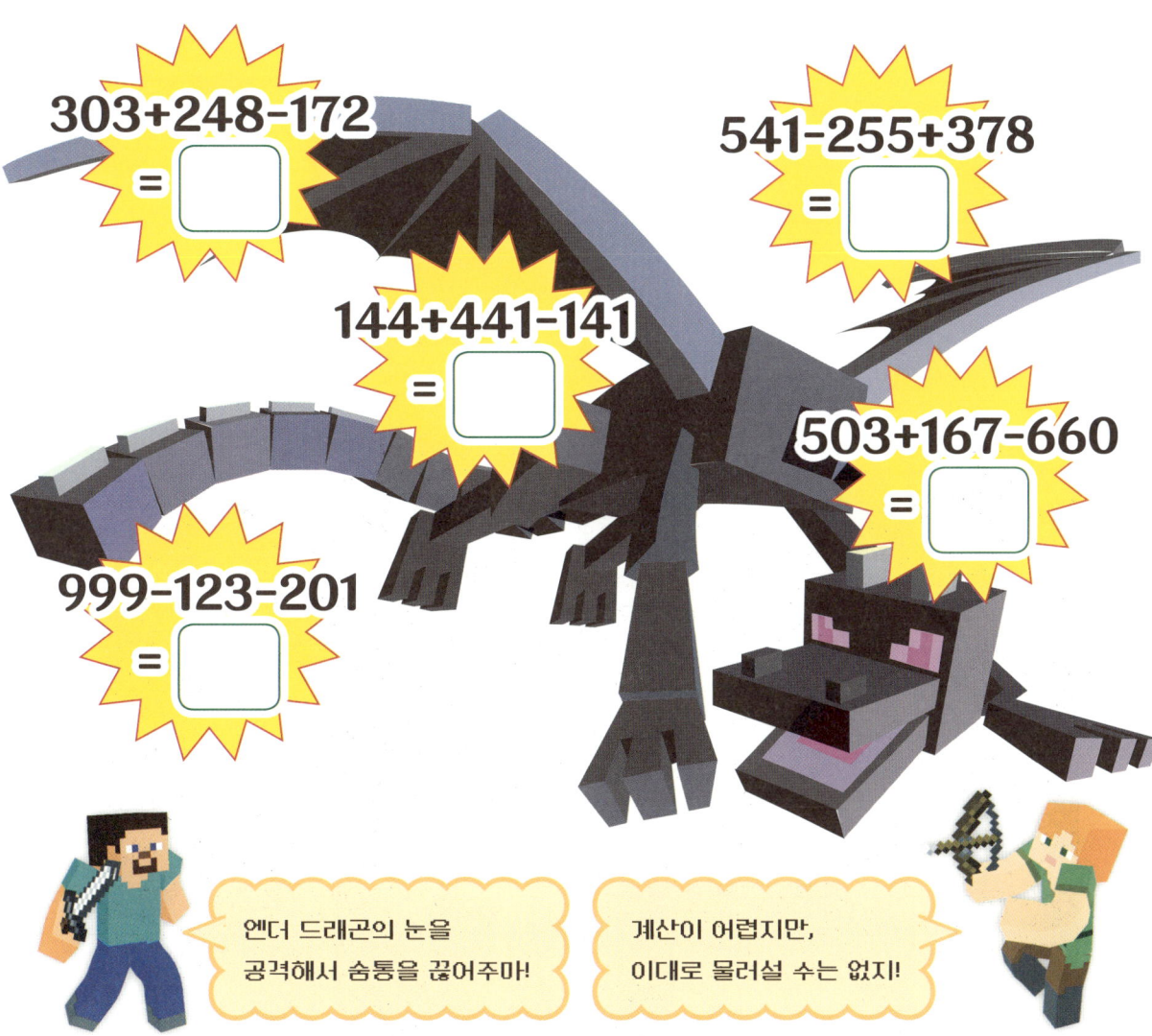

303+248−172 =

541−255+378 =

144+441−141 =

503+167−660 =

999−123−201 =

엔더 드래곤의 눈을 공격해서 숨통을 끊어주마!

계산이 어렵지만, 이대로 물러설 수는 없지!

마인크래프트 공략 방법 — **엔더 드래곤의 약점을 기억해야 한다!**

문제에서 알아낸 엔더 드래곤의 약점을 기억해서 엔더 드래곤을 공격할 때 이용할 수 있다. 땅으로 내려온 엔더 드래곤의 아래쪽에서 약점을 향해 화살이나 눈덩이 등 멀리서 공격하는 도구를 던지면 큰 피해를 입힐 수 있다. 즉시 던질 수 있는 눈덩이를 가지고 가면 좋을 것이다.

미션 **34**

수학 평면도형의 이동 | 규칙과 대응　코딩 문제 이해 | 정보의 구조화

보물 겉날개를 찾아 하늘을 날아라!

엔더 드래곤을 쓰러뜨리면 섬의 어딘가에 차원문이 만들어졌을 거야! 차원문을 찾아 차원문의 중심에 엔더 진주를 던지면 엔드 도시가 있는 섬으로 이동할 수 있어!

미션 완료!

　　　　월　　　일

1 엔드 도시로 가자

엔드 도시는 높은 성 또는 나무 형태의 구조물로 구성된 보라색 건물이에요. 아래 그림은 산산조각이 난 엔드 도시의 그림이에요. 원래의 엔드 도시를 상상하며 그림 조각의 순서를 수정해 보세요. 단, A와 E의 순서는 바뀌지 않아요!

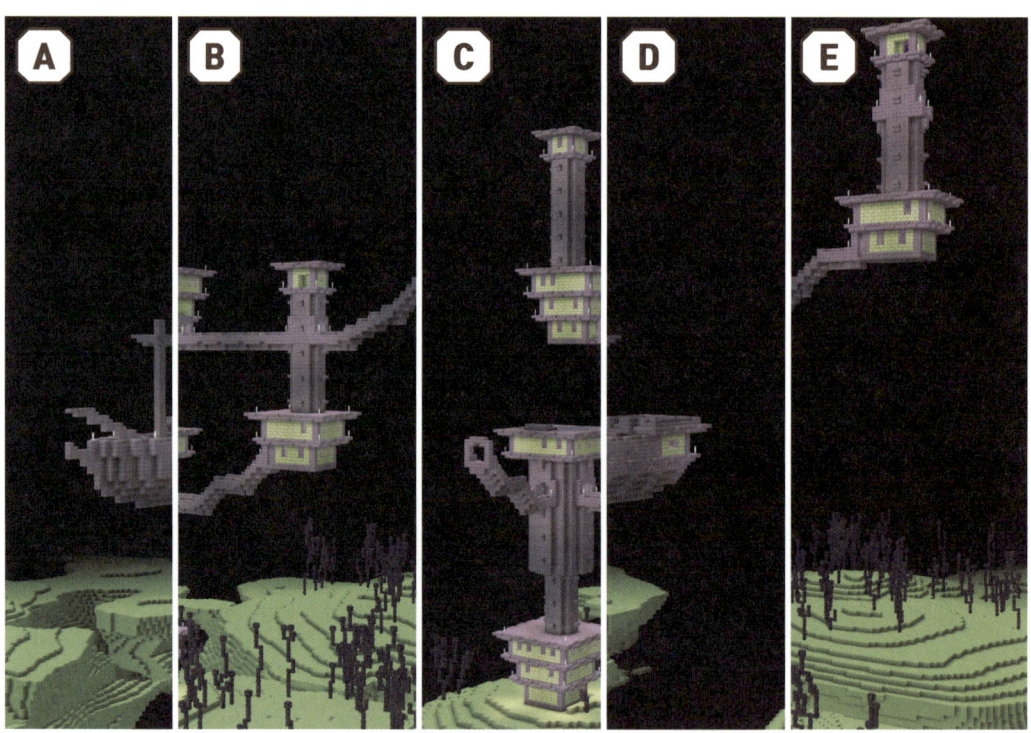

배 형태의 건물 속에는 플레이어가 글라이딩을 할 수 있는 아이템인 겉날개가 있어!

답. 알맞은 배열은　　　

2 겉날개로 하늘을 날자

엔드 도시에서 겉날개를 찾아 장착하면 하늘을 날 수 있어요. 하지만 적어도 4칸마다 폭죽 로켓을 잡지 않으면 추락할 거예요. 추락하지 않고 도착 지점까지 날아갈 수 있는 길을 찾아 선으로 그어 보세요. 대각선으로는 이동할 수 없어요.

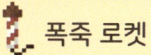 폭죽 로켓   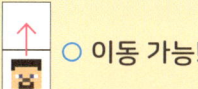 ○ 이동 가능!   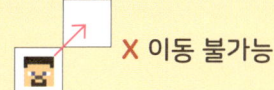 ✗ 이동 불가능!

힌트! 산은 넘어갈 수 없으므로 피해서 날아야 해!

출발!

도착!

마인크래프트 공략 방법
부러진 겉날개는 수리할 수 있다!

겉날개는 내구도가 1이 되어도 없어지지는 않지만 하늘을 날 수 없게 된다.
부러진 겉날개는 팬텀이라는 몬스터가 드롭하는 팬텀 멤브레인(팬텀 막)이라는 아이템으로 수리할 수 있다. 단, 팬텀은 강적이므로 미리 겉날개에 수선 마법을 부여해 두는 것이 좋다.

풀이와 답

10-11쪽

1

답. 참나무 블록 은 C 나무에서 가장 많이 얻을 수 있어요.

답. 자작나무 블록 은 B 나무에서 가장 많이 얻을 수 있어요.

2 답. 참나무 블록 은 13 개예요.

답. 자작나무 블록 은 14 개예요.

답. 아카시아나무 블록 은 12 개예요.

답. 나무 블록은 모두 39 개예요.

12-13쪽

1
① 답. 나무판자를 36 개 만들 수 있어요.
② 답. 나무판자를 28 개 만들 수 있어요.

2 답. 제작대를 6 개 만들 수 있어요.

3

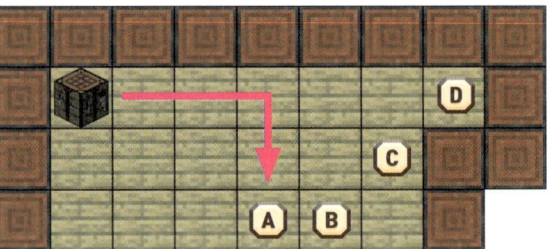

답. A

14-15쪽

1 답. 나무 도끼 또는 나무 곡괭이를 8 개 만들 수 있어요.

2
① 답. 나무 괭이를 3 개 만들 수 있어요.
② 답. 나무 삽을 4 개 만들고, 막대기는 2 개 남아요.

선생님 풀이
나무판자 2개를 막대기 4개로 바꾸면 나무판자 4개, 막대기 10개가 만들어져요. 따라서, 나무판자 4개, 막대기 8개로 나무 삽을 4개 만들고, 막대기는 2개 남아요.

16-17쪽

1

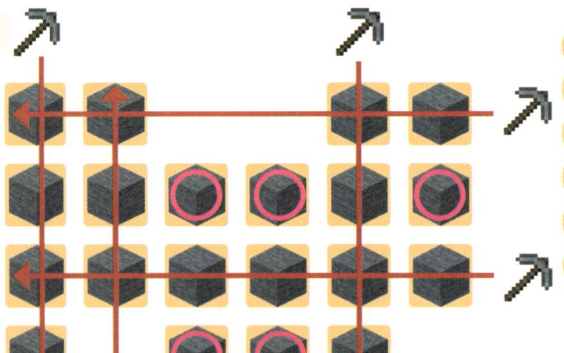

2

① 답. 조약돌 계단을 **4** 개 만들고, 조약돌은 **5** 개 남아요.

② 답. 조약돌의 반블록을 **18** 개 만들고, 조약돌은 **2** 개 남아요.

18-19쪽

1

① 답. 돌 곡괭이는 **3** 개 만들 수 있어요.

② 답. 화로는 **2** 개 만들 수 있어요.

> **선생님 풀이**
> 막대기 18개, 흙 33개, 나무판자 59개, 조약돌 59개, 달걀 16개는 각각 한 칸에 쌓을 수 있으므로 빈칸이 7칸 늘어나요.

20-21쪽

1

답. 빈칸이 **7** 칸 늘어나요.

2

①
답. **곡괭이**

②
답. **민들레**

> **선생님 풀이**
> 나무판자를 기준으로 대칭을 이루고 있어요.

③
답. A는 **민들레**
답. B는 **곡괭이**

22-23쪽

1

2

① 답. 철 블록을 **4** 개 만들 수 있어요.

② 답. 철 원석은 **59** 개예요.

> **선생님 풀이**
> 철광석을 지나면서 10칸을 움직이고,
> 철광석을 6칸 지나갔는지 확인해 보아요.

24-25쪽

1
① 답. **45** 초
② 답. **400** 초
③ 답. **110** 초
④ 답. **405** 초

2
① 답. **A**
② 답. **C**

26-27쪽

1
① 답. **D** **A** **C** **B** **F** **E**
② 답. **2** 개

2
① 답. **15**
② 답. **8**

28-29쪽

1
① 답. 햇불은 **40** 개 만들 수 있고, 막대기는 **2** 개 남아요.
② 답. 햇불은 **8** 개 만들 수 있고, 숯은 **6** 개 남아요.

2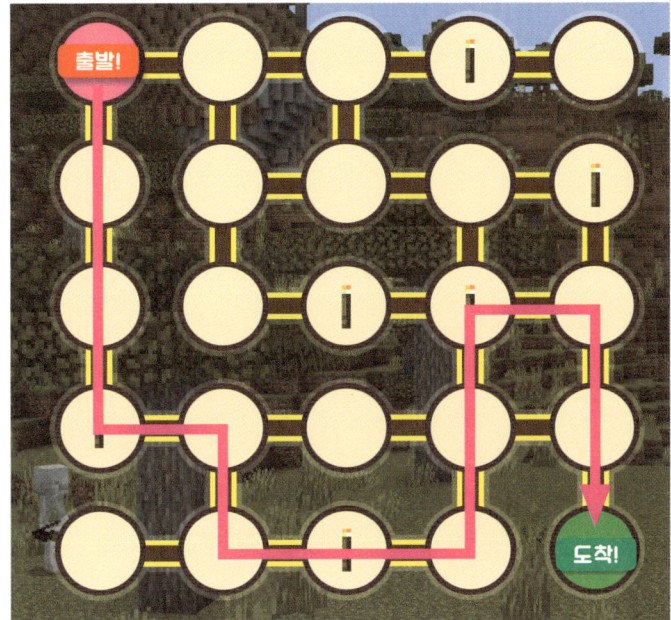

30-31쪽

1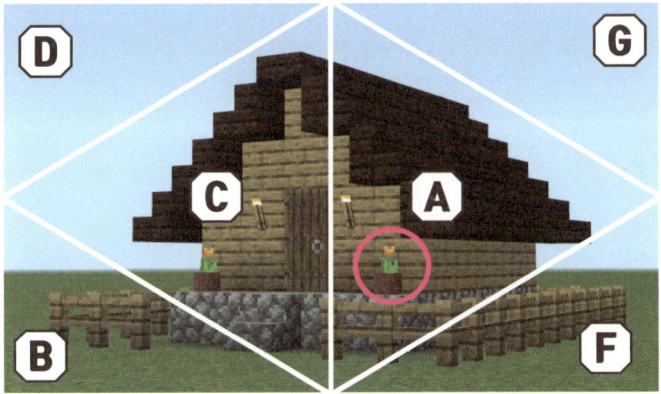

답. 다른 부분은 E

2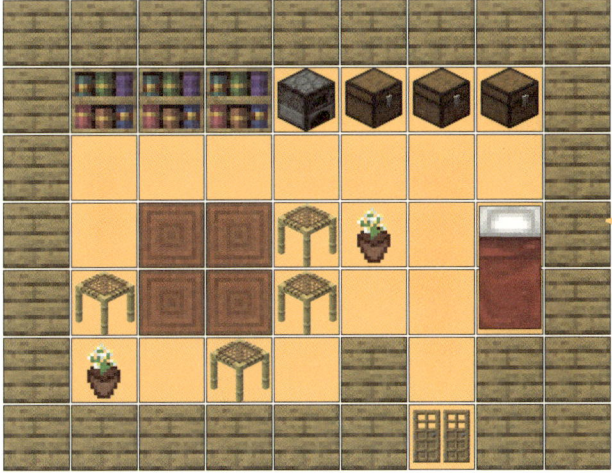

선생님 풀이

책꽂이와 상자 주변에 1블록의 빈 공간이 있어야 하므로 책꽂이와 상자 아래 줄은 모두 빈칸이어야 해요.

32-33쪽

1 ① 답. **5** 마리 ② 답. **6** 마리 ③ 답. **8** 마리

2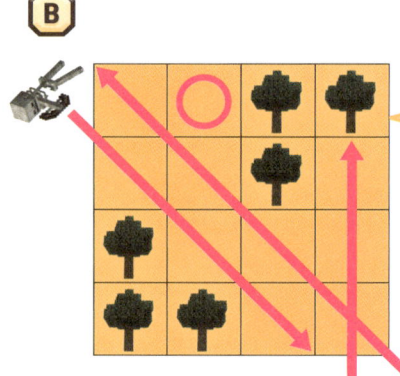

> 선생님 풀이
> 화살표 시작 지점에서 화살표 방향으로 선을 곧게 그으면 선이 지나가지 않는 빈칸을 찾을 수 있어요.

3 Ⓐ 7+8= **15**   Ⓑ 30-6= **24**

34-35쪽

1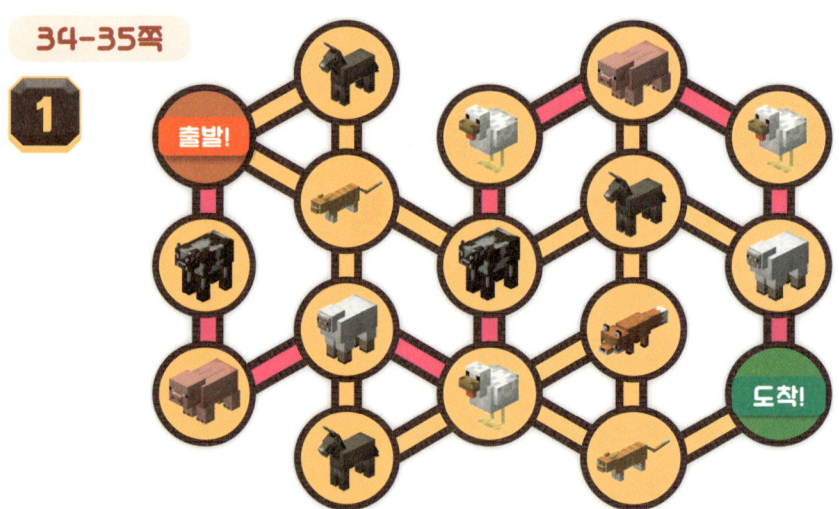

2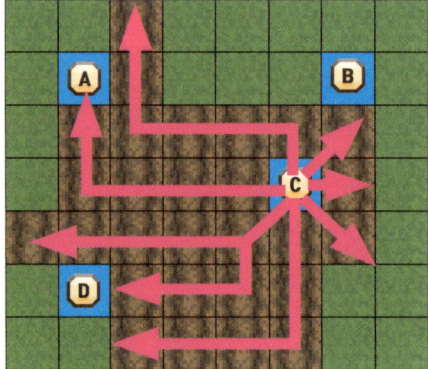
① 답. **C**
② 답. **4** 개

36-37쪽

1

① 고양이의 수는 말의 수보다 **적다**.

② 말의 수와 여우의 수를 비교하면 **같다**.

③ 닭의 수는 다른 동물의 수보다 **많다**.

2

①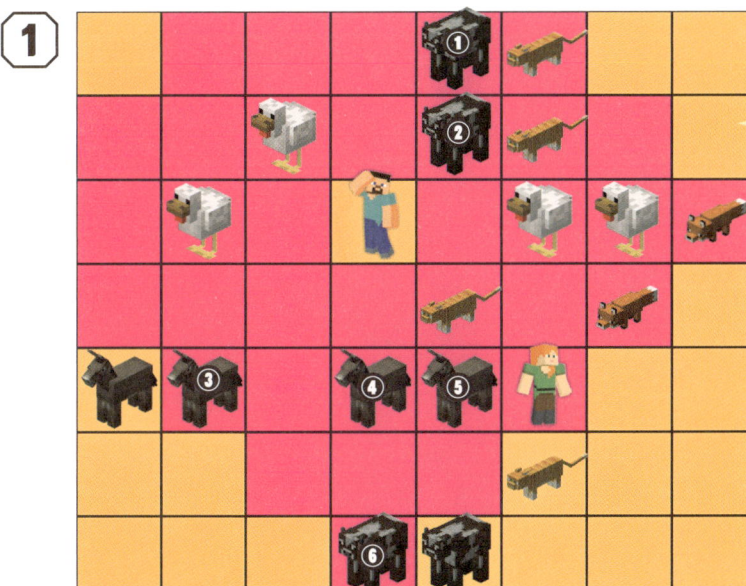

> **선생님 풀이**
> 먼저 스티브에게서 4칸 이내에 있는 곳을 찾아서 표시해요. 가로, 세로, 대각선 방향 모두 빠짐없이 표시한 후 그 안에 있는 소와 말의 수를 세어 보아요.

답. **6** 마리

②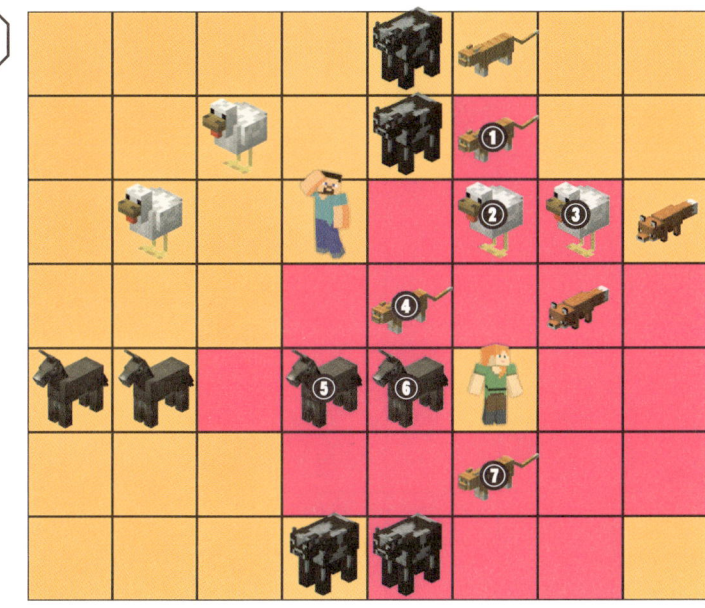

답. **7** 마리

38-39쪽

1

소·양	닭	말	돼지

7+7+5 = 19	5+5+6 = 16	3+3+4 = 10	8-2+8 = 14

씨앗	황금 당근	밀	당근
9+5+2 = 16	9-4+5 = 10	2+9+8 = 19	3+7+4 = 14

2

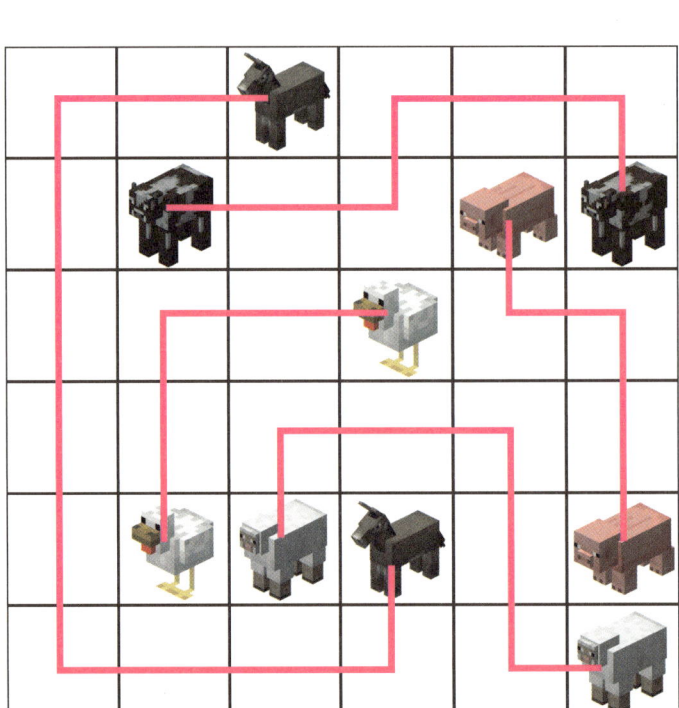

40-41쪽

1

15+12= **27**　　17+26= **43**　　19+19= **38**

30-12= **18**　　53-22= **31**　　87-63= **24**

2

① 답. 빵은 **18** 개 받을 수 있어요.

② 답. 에메랄드는 **15** 개 필요해요.

③ 답. 에메랄드는 **2** 개 남아요.

42-43쪽

1

선생님 풀이
1블록을 점프한 후 옆으로 이동하여 다음 점프할 곳을 찾아요.

※답은 예시예요. 다양한 방법이 있어요.

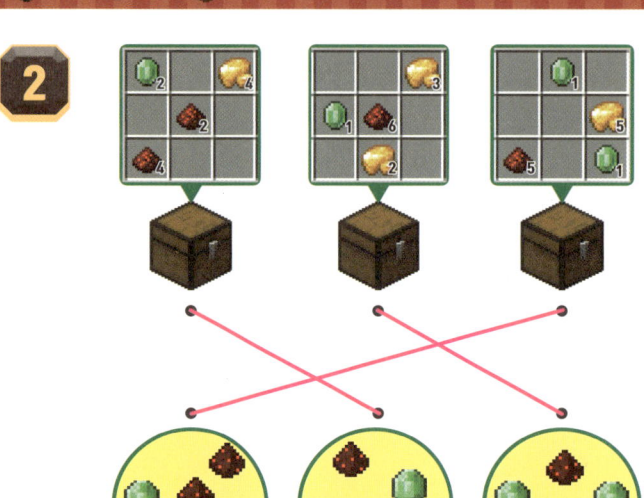

선생님 풀이
금 6개, 에메랄드 3개, 레드스톤 7개가 되도록 해요.

44-45쪽

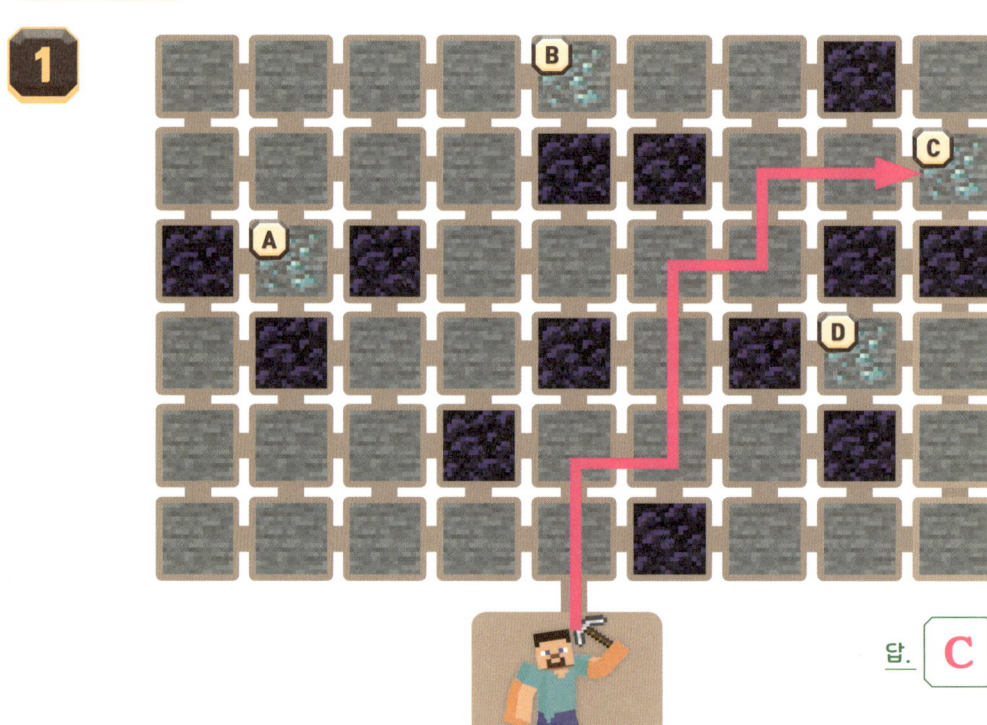

답. C

2

① 답. 합하여 **6** 개를 얻었어요.

② 답. 첫 번째에 **4** 개, 세 번째에 **4** 개를 얻었어요.

46-47쪽

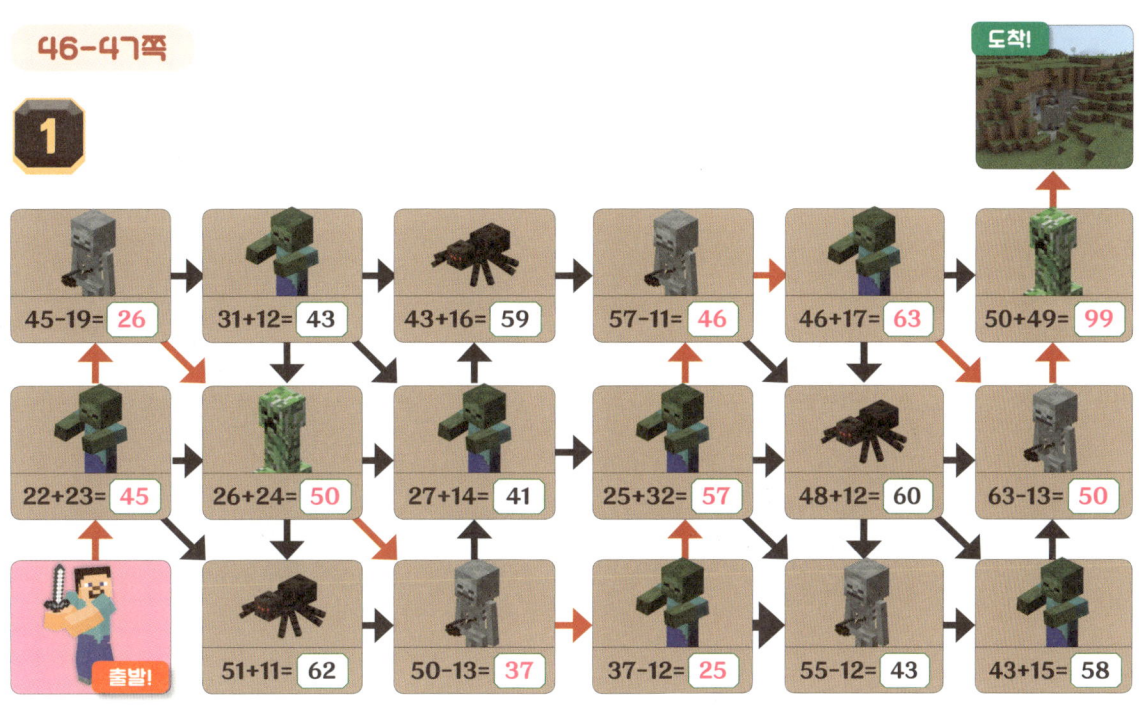

48-49쪽

1

① 답. 방어력이 10 올라가요.   ② 답. 19

2

닭 — 답. 1 번
소 — 답. 2 번
거미 — 답. 3 번
크리퍼 — 답. 3 번
마녀 — 답. 4 번
엔더맨 — 답. 6 번

50-51쪽

1 Ⓐ 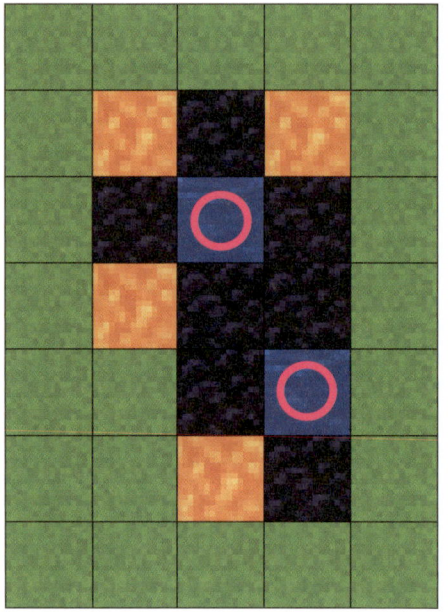 Ⓑ

2 Ⓐ  Ⓑ

답. 흑요석은 **4** 개 필요해요.

답. 흑요석은 **6** 개 필요해요.

 52-53쪽

1

2
Ⓐ 답. 황금 블록은 **8** 개예요.   Ⓑ 답. 황금 블록은 **14** 개예요.   Ⓒ 답. 황금 블록은 **17** 개예요.

 54-55쪽

1

Ⓐ **9** + **13** = **22**   ※13+9=22도 가능해요.

Ⓑ **12** + **18** = **30**   ※18+12=30도 가능해요.

선생님 풀이
주어진 수를 빈칸에 넣은 후 계산식이 맞는지 확인해요. 계산식이 맞지 않다면, 수의 위치를 바꿔서 계산해 보며 알맞은 계산식을 찾아 보세요.

2

Ⓐ 20 + 6 − 9 = 17

Ⓑ 15 + 14 − 11 = 18

56-57쪽

1

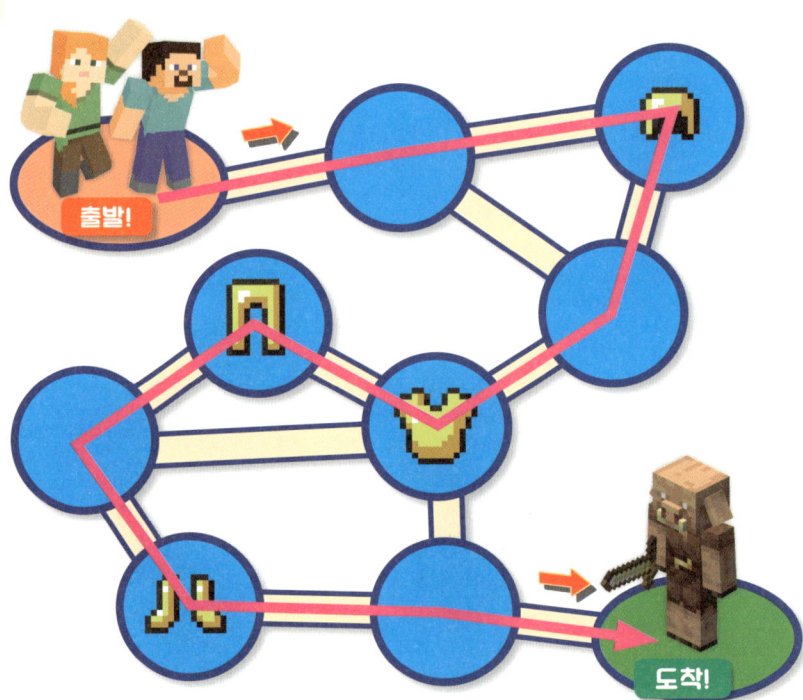

2

① 답. 30 번 거래해야 해요.

② 답. 자갈을 8 개 얻을 수 있어요.

선생님 풀이

출발 지점에서 시작해서 2바퀴 도는 동안, 진주는 2개를 받고 거래는 24번을 해요. 그리고 거래를 6번 더 하면 진주는 1개 더 받아요. 따라서 진주 3개를 받으려면 거래를 모두 30번 해야 해요.

58-59쪽

1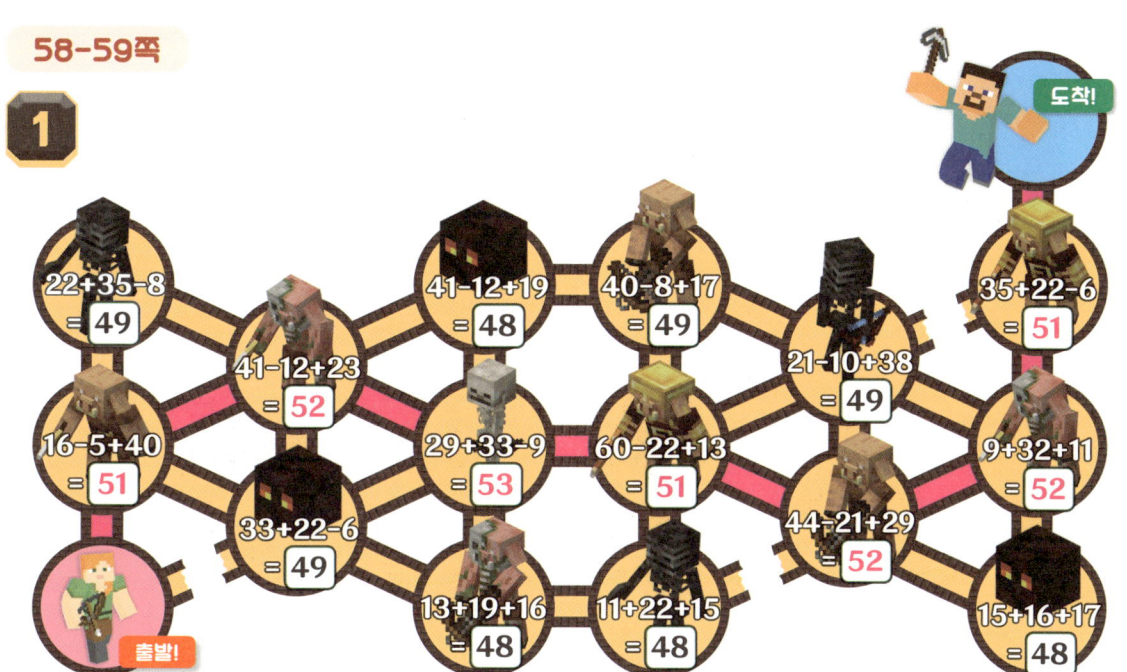

60-61쪽

1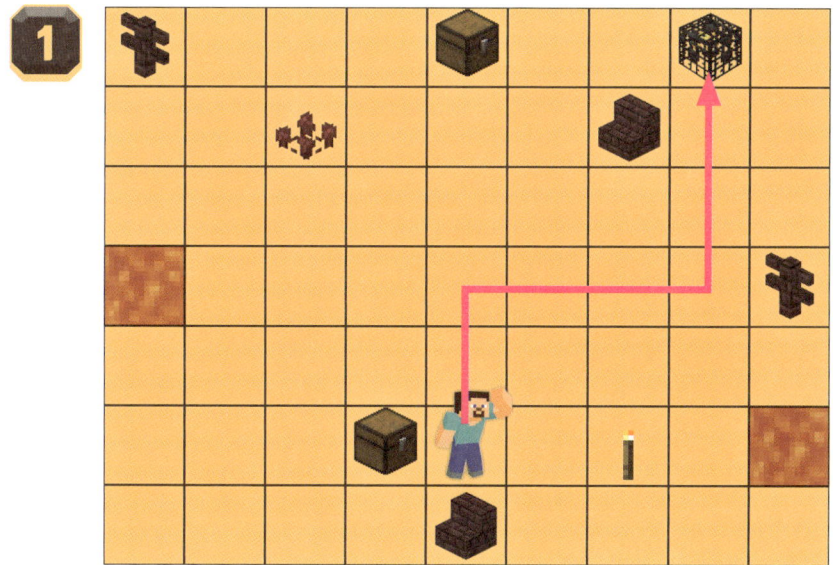

① **상자** 가 있는 방향으로 2칸 이동해요.

② **펜스** 가 있는 방향으로 3칸 이동해요.

③ 생성기가 있는 방향으로 **3** 칸 이동하면 생성기에 도착해요.

2 ①

40−9+11 = **42** 22+11+12 = **45** 31−10+21 = **42** 16+15+8 = **39**

답. 가장 작은 수는 **39**

②

56−15+40 = **81** 72−33+51 = **90** 11+33+44 = **88** 90−28+18 = **80**

답. 가장 큰 수는 **90**

62−63쪽

1 ① 답. 엔더의 눈은 **12** 개 만들 수 있어요.

② 답. 엔더의 눈은 **11** 개 있어요.

2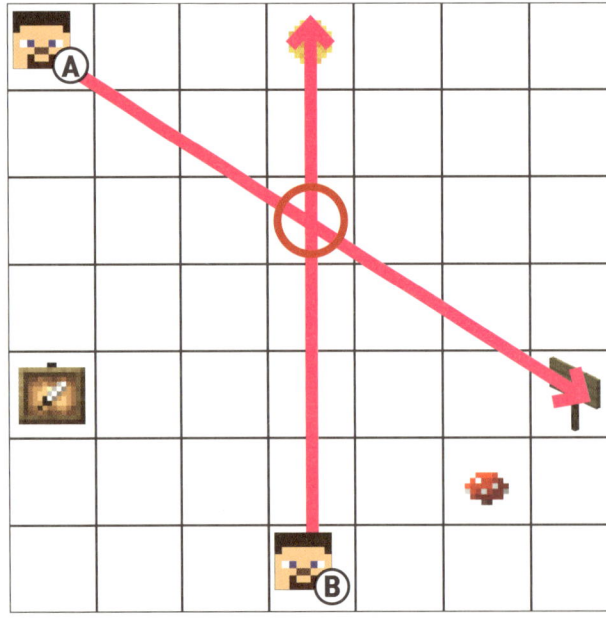

선생님 풀이
A와 간판, B와 해바라기를 각각 자를 이용하여 반듯하게 그으면 두 선이 만나는 지점을 찾을 수 있어요.

64-65쪽

1

※두 가지 방법이 있어요.

2

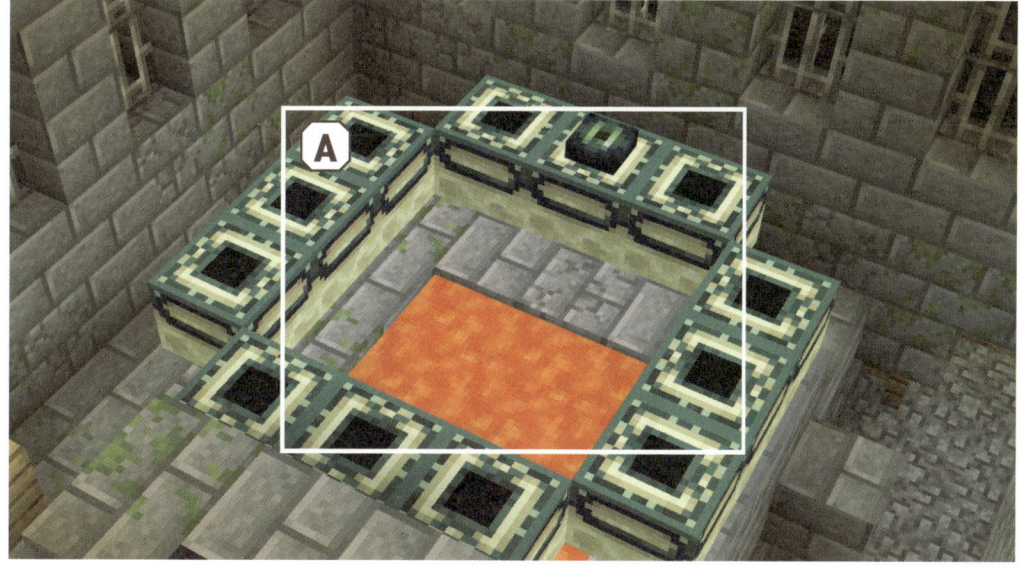

답. 알맞은 그림 조각은 **A**

66-67쪽

1

선생님 풀이: 엔더맨이 엔더 진주를 가지고 있는지 확인하며 도착 지점까지 가는 길을 찾아요.

2

선생님 풀이: 3씩 늘어나는 규칙으로 수가 배열되어 있어요.

4, 7, 10, 13, 16, 19, 22, 25, 28, 31, 34, 37

68–69쪽

1
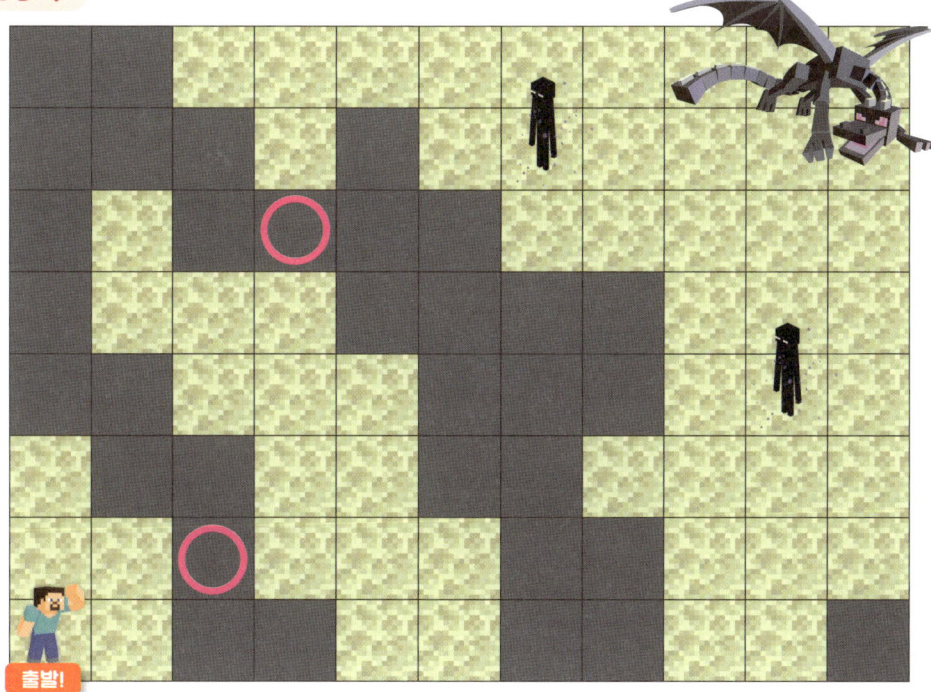

답. 블록은 2 개 필요해요.

2

70-71쪽

1

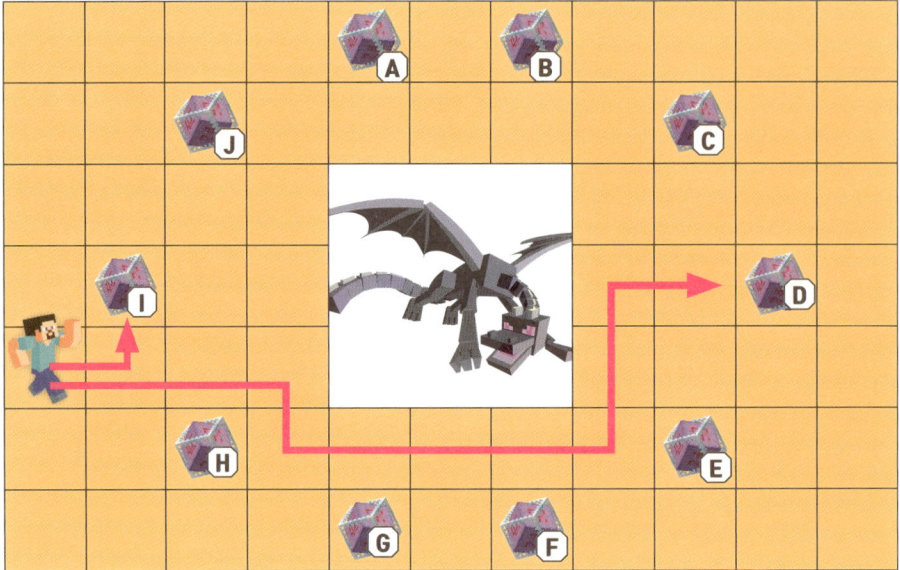

답. 가장 가까운 엔드 수정은　I　　　답. 가장 먼 엔드 수정은　D

2

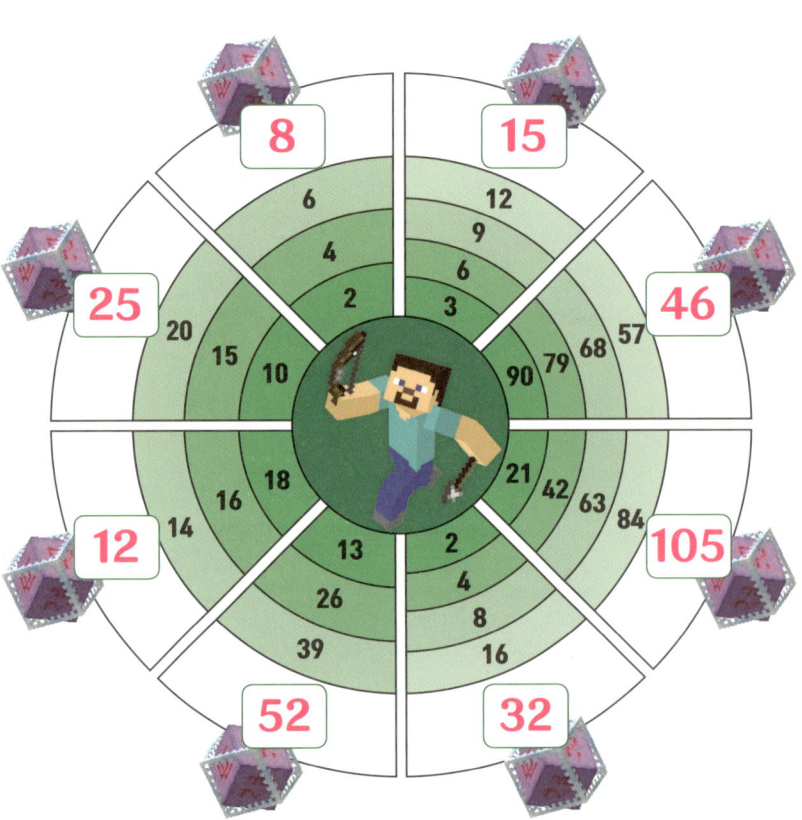

72-73쪽

1

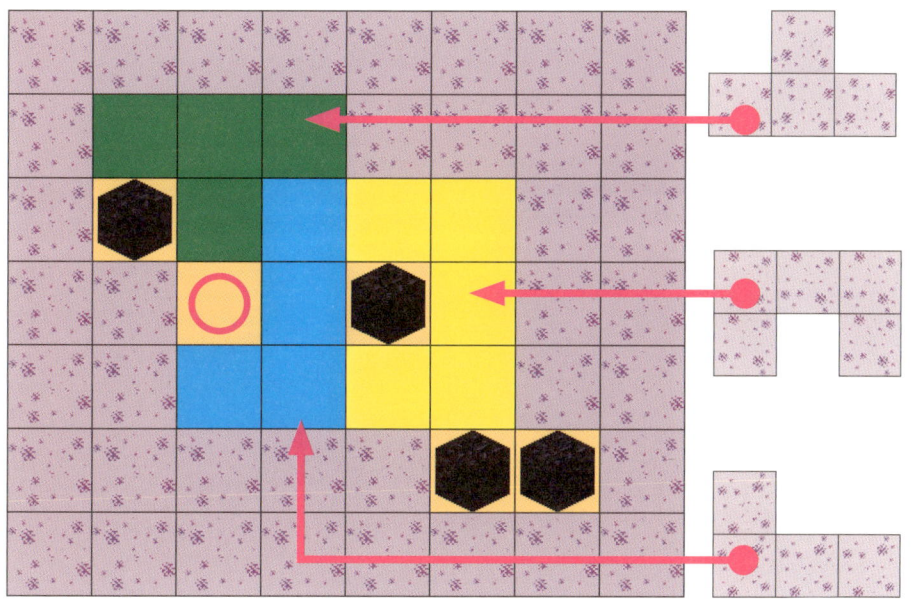

※답은 예시예요. 다양한 방법이 있어요.

2

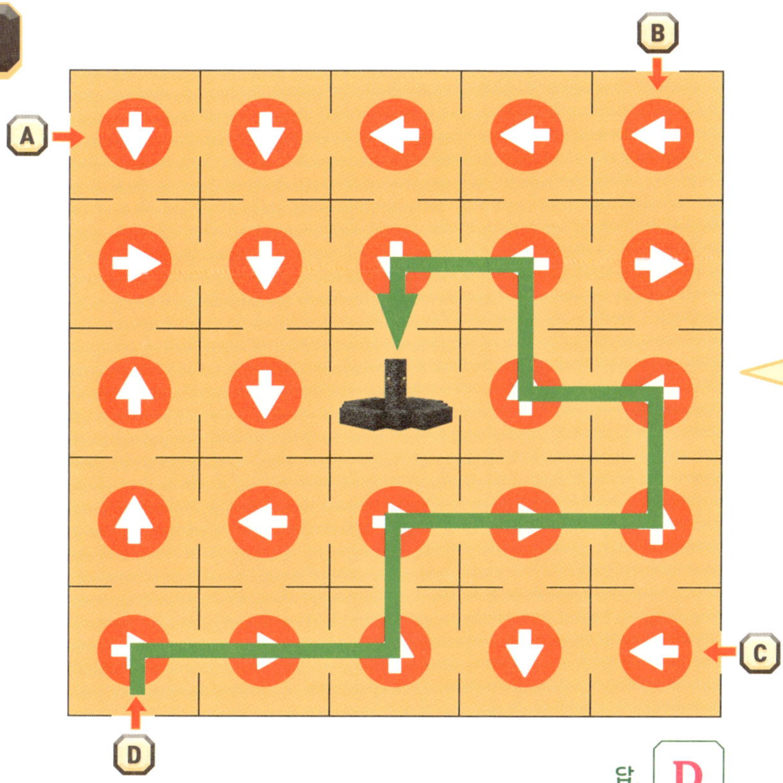

선생님 풀이
A, B, C, D에서 각각 출발하여 화살표 방향대로 이동해 보아요.

답. D

74-75쪽

1

날개
104-36+22= 90

목
122+42-58= 106

꼬리
166-54-12= 100

앞발
101+68-91= 78

답. 엔더 드래곤의 약점은 목

2

303+248-172 = 379

541-255+378 = 664

144+441-141 = 444

503+167-660 = 10

999-123-201 = 675

76-77쪽

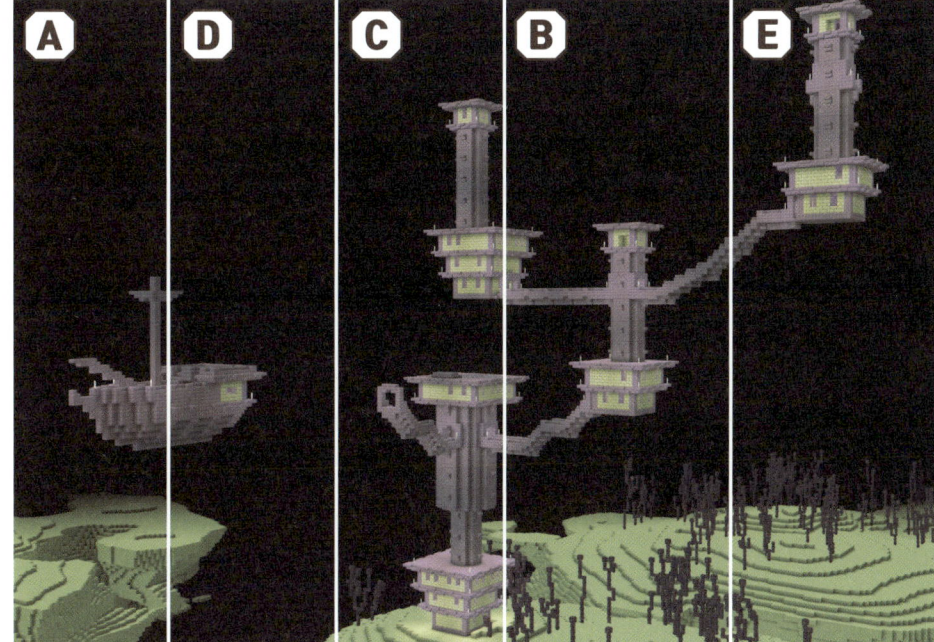

답. 알맞은 배열은

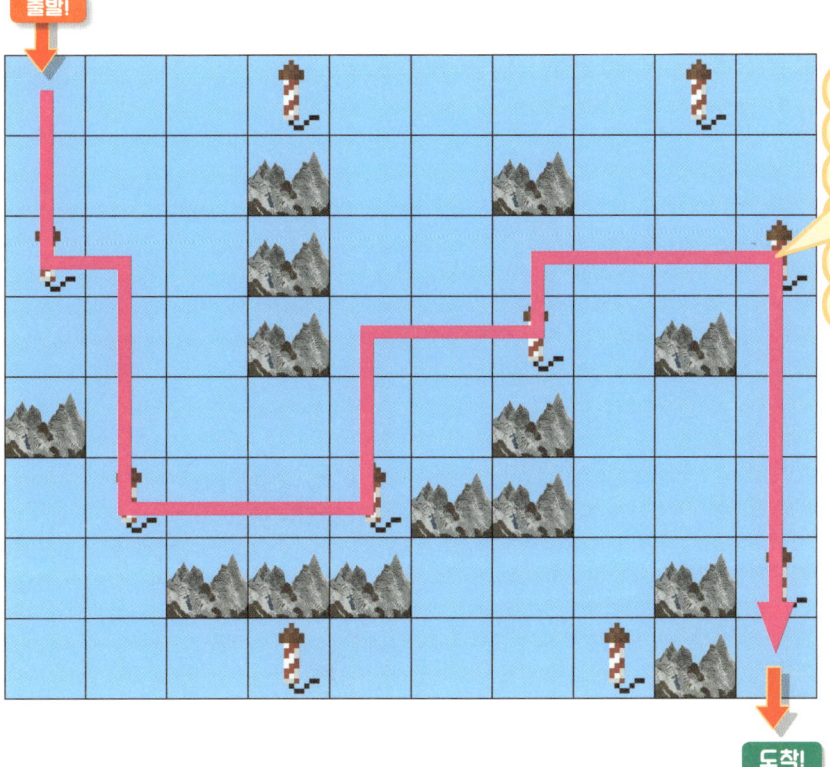

선생님 풀이

적어도 4칸마다 폭죽 로켓을 잡아야 하므로 3번째 칸에서 폭죽 로켓을 잡아도 돼요.

UNOFFICIAL BOOK

MINECRAFT 수학 코딩 대모험
① 엔더 드래곤을 무찔러라!

초판 1쇄 인쇄 | 2024년 6월 18일
초판 1쇄 발행 | 2024년 6월 26일
저자 | GOLDEN AXE **번역** | 박유미
발행인 | 심정섭 **편집인** | 안예남
편집팀장 | 최영미 **편집** | 박유미, 김은솔
디자인 | 이혜원 **브랜드 마케팅** | 김지선, 하서빈
출판마케팅 | 홍성현, 김호현 **제작** | 이수행, 정수호

발행처 | (주)서울문화사
등록일 | 1988년 2월 16일 **등록번호** | 제2-484
주소 | 서울특별시 용산구 새창로 221-19(한강로 2가)
전화 | 02-791-0708(구입) 02-799-9171(편집) 02-790-5922(팩스)
인쇄처 | 에스엠그린
ISBN | 979-11-6923-927-1
979-11-6923-926-4 (세트)

MINECRAFT SANSU, PROGRAMMING GAKUSHU DRILL
Copyright © standards 2023

Korean translation rights arranged with standards
through Japan UNI Agency, Inc., Tokyo and Shinwon Agency Co., Seoul